改訂版

必ず取れる日本永住権！

外国人の永住権許可申請ガイド

河原木惇 著

セルバ出版

はじめに

こんにちは、行政書士の河原木惇です！

私は、出入国在留管理局へのビザ・在留資格申請を専門に行政書士の仕事をしていますが、永住権に関する問合せも多くいただきます。

どんな内容が多いかというと、「私は永住権が取得できますか」という単純なものから、最近多いのが「自分で申請したけど不許可になった。再申請をお願いしたい」という依頼も多くなっています。

皆様は、今の状態で永住権が取得できるかどうかが知りたいのですね。

・今、永住権が取得できるんだったら申請手続を始めたい。
・今はまだ要件を満たしていないんだったら、どうすれば永住権が取得できるのか。
・不許可になったけど、いつ再申請することで永住権を取得できるのか。

ということでしょう。

あなたも、私のお客様と同じではないでしょうか。

永住権を取得できるかどうかは、「永住の要件」を正しく理解する必要があります。その永住の要件を本書でわかりやすく解説いたします。

永住権が許可されると、在留期限が無期限になったり、就労の制限がなくなったり、日本社会においての信用があがったりと、日本で生活するうえでかなり自由になります。ただし、日本の国政における選挙権や被選挙権などは、永住権を取得してても制限はかかったままですし、原則として公務員になることもできませんね。

皆様が永住権を希望する理由は、それぞれあると思います。

ビザ更新のために数年ごとに平日の昼間に1日かけて行くのが億劫だとか、不動産を購入するのにローンを組みたいとか、日本で行う活動の制限をなくして自由にいろいろなことに挑戦をしたいなど、それぞれ今後の人生プランを思い描いていらっしゃることでしょう。

永住権を取得したいと思い立ったときに確認すべき一番重要なことは、「永住の要件」です。この要件というのは、簡単にいうと3つありまして、①素行善良要件、②独立生計要件、③国益適合要件と呼ばれています。それぞれの細かい部分を本書では詳しく解説していますが、この3つの要件がクリアできていれば、結果的に永住権は取得できると考えてよいと思います。

永住申請書類の作成や添付書類を集めたりというのは、煩雑で面倒であり、かなりの労力がかかるものですが、最終的に許可が下りるはずです。

2017年4月26日に法務省令が改正され、日本版高度外国人材グリーンカード制度が始まり、最短1年で永住権を申請して取得できるようにもなりました。今後の日本におけるグローバル化は益々進んでいき、外国人材の受入が増加していくことは国策としても目に見えています。外国人が日本に滞在するにはビザが必要ですが、そのビザにはかなりの制限があります。その制限を法律上において最大限までなくすことができるのが永住権です。

本書では、永住申請の要件と、書類の集め方、さらには永住申請書類の作成方法まで、できるだけわかりやすく解説いたしました。

ぜひ本書を参考にして、念願の永住権を勝ち取ってください！

２０１８年４月

改訂版の発刊に当たって

法改正に伴い、２０１９年４月１日をもって旧来の「入国管理局」が「出入国在留管理庁」へと組織・名称が変わりました。

そして、永住の要件も厳しくなり、申請時に提出する書類もかなり多くなりました。それらの記載を盛り込んで版を改めました。

２０２１年８月

河原木　惇

※「在留資格」と「ビザ」は厳密には違うものですが、本書ではわかりやすくするため在留資格とビザを混同して表現しています。専門家の方にとっては突っ込みどころかもしれませんが、読みやすくするためですので、なにとぞご了承ください。

改訂版　必ず取れる日本永住権！　外国人の永住権許可申請ガイド　目次

第2章　永住申請の流れとスケジュール

第3章　申請に必要な書類を集めていこう！

第4章　入管申請書類作成ガイド・マニュアル

第5章　永住申請の実例でコツをつかもう！

第6章　今後のために

プロローグ　永住権を取得したいと思ったら（基礎知識）

1　永住権とは

「永住権」とは、もともとの国籍のまま（外国籍のまま）で日本に住み続けることができる権利です。永住許可は、永住申請を行った外国人のうち、「法務大臣」が「許可」か「不許可」の最終決定をします。

永住申請は、すでに日本に滞在していて、現在の在留資格（ビザ）を変更しようとする外国人だけが可能ですので、初めて来日すると同時に永住申請をすることはできません。

永住許可を受けた外国人は、「永住者」の在留資格で日本に在留することになります。

「永住者」は、法務大臣が永住を認めるものとして、在留活動や在留期間のいずれも制限されませんし、日本における社会的に信用が上がり、住宅ローンが組みやすくなったりとメリットがあります。

そのため、通常の在留資格よりも慎重に審査する必要があることから、独立した許可基準が設けられており、注意が必要です。

これまで問題なくビザの更新ができていたことから、自分は問題ないと考えて永住申請をしても、許可基準を満たしていない場合は不許可となるリスクが高いですから、要件をしっかりとチェックすることから始めましょう。

2　永住権と帰化の違いとは

日本の永住権である永住ビザを取るのと、日本国籍を取って日本人になる帰化とでは、何が違うのでしょうか。

永住と帰化をそれぞれ比較してみたいと思います。

まずは、日本国籍を取って日本人になる帰化について説明したいと思います。

帰化したからといってＤＮＡ上は外国人ですから、法律上日本人になるという意味ですが、日本国籍を取得すると、日本人と同様になるため、いろいろな日本人が当たり前に持っている権利が付与されます。

日本人になるということは

・公務員になることができます。外国人は原則公務員になることはできません。公務員になりたかったら、日本国籍を取得する必要があります。
・日本人なので当然在留資格が不要です。ビザの更新は不要です。
・日本のパスポートが取得できます。ほとんどの国へノービザで渡航できます。海外旅行や海外出張に行きやすくなります。

・選挙権が発生します。つまり、選挙で投票ができます。外国人は日本の国政での選挙で投票はできません。
・被選挙権が発生します。つまり、議員になるため選挙で立候補できます。外国人は立候補できません。
・母国の国籍を喪失します。日本は、二重国籍を認めていません。したがって、将来、母国に帰るとなると、母国で外国人としてビザが必要になります。

永住権を取得するということは

・外国人のまま、母国の国籍を失わずに日本に安定して滞在し続けられます。
・在留資格更新の手続が不要になります。永住者は、無期限の在留資格のため、更新せずに日本に住むことができます。
・在留活動に制限がありません。一般の就労ビザが許可されないような職業（肉体労働・単純作業・水商売など）でも、法律に反しない限りはどのような職業にも就くことができます。
・住宅ローンが組みやすくなります。
・失業や離婚をしても在留資格が失われません。一般の就労ビザや日本人の配偶者等と異なり、失業や離婚により在留資格が失われることはありません。
・配偶者や子供の永住申請が楽になります。「永住者の配偶者」や「永住者の子」が永住申請をするときに一部審査要件が緩和されます。

3　法律上の永住権の要件

永住権取得についての最終的な許可・不許可の判断は、法務大臣の自由裁量で決めることとされており、明確な基準とまでいえるものは存在しません。

基本的には、その外国人の活動状況・在留状況・在留の必要性等を総合的にかつ公平に考慮して判断されるというものですが、法務省は次のような永住許可に関するガイドラインを公表しています。

ガイドライン①／素行が善良であること

これは、法律を遵守し、日常生活においても住民として社会的に非難されることのない生活を営んでいることを意味します。

ガイドライン②／独立の生計を営むに足りる資産または技能を有すること

これは、日常生活において公共の負担になっておらず、かつ、その者の職業またはその者が有する資産等から見て将来において安定した生活が見込まれることを意味します。

ガイドライン③／その者の永住が日本国の利益に合すると認められること

これは、次のアイウエのことを意味しています。

ア　原則として、引続き10年以上日本に在留し、このうち就労資格または居住資格を持って5年以上在留していること。
イ　罰金刑や懲役刑を受けていないことや、納税義務等公的義務を履行していること。
ウ　現在有している在留資格が最長の在留期間を持っていること。
エ　公衆衛生上の観点から有害となるおそれがないこと。

※ア【原則10年の在留】の規定に関する特例

永住における日本在留年数は、原則として10年以上が必要になります。ただし、特例として10年以上在留していなくてもよい場合があります。主な場合を次に列挙いたします。

在留年数特例①／日本人、永住者および特別永住者の配偶者の場合、実体を伴った婚姻生活が3年以上継続し、かつ、引続き1年以上本邦に在留していること。その実子等の場合は1年以上本邦に継続して在留していること

在留年数特例②／定住者（難民認定を受けた者を含む）の在留資格で5年以上継続して本邦に在留していること

在留年数特例③／高度専門職省令に規定するポイント計算を行った場合に、3年前から70点以上のポイントを有していたことが認められる者

在留年数特例④／高度専門職省令に規定するポイント計算を行った場合に、1年前から80点以上のポイントを有していたことが認められる者

なお、詳しくは、在留資格別永住権の要件で具体的にご説明します。

第1章　在留資格別永住権の要件！

1　就労系在留資格から永住の場合

技術・人文知識・国際業務から永住

日本で就労活動をするための在留資格はたくさんあります。「教授」「芸術」「経営・管理」「法律・会計」「医療」「教育」「高度専門職」「技術・人文知識・国際業務」「企業内転勤」「技能」「興行」等々です。このうち日本で就労している外国人の中で最も多い在留資格は、「技術・人文知識・国際業務」ではないでしょうか。

まずは、この「技術・人文知識・国際業務」から、永住権を許可されるための要件①～④を説明していきたいと思います。

●要件①・素行が善良であること

これは、イマイチ抽象的でわかりにくいですが、具体的には次の①、②になります。

①　日本国の法令に違反して、懲役・禁固または罰金に処せられたことがないこと

これは、文言のとおりで、要は悪いことをして処罰されていないことが必要となってきます。

では逆に、処罰されたことがある者は、永住権の許可がおりないのでしょうか。答は、特定の期

間が経過すれば、許可になる可能性があります。

特定の期間とは、懲役と禁固の場合は刑務所から出所後10年を経過（執行猶予がついている場合は、猶予期間が満了してから5年経過）すること、罰金・拘留・科料の場合は支払い終えてから5年が経過することで、日本国の法令に違反して処罰されたものとしては取り扱われません。

② 日常生活または社会生活において違法行為または風紀を乱す行為を繰り返し行っていない者

これは、懲役・禁固・罰金・拘留・科料に該当しないような軽微な違反で、しかも繰り返し行っていない者が該当します。

例えば、車の運転による違反が一番多いかと考えられます。駐車禁止違反や一時停止違反、携帯電話使用違反などが多いです。そして、最近では自転車でも違反行為として同様のケースで捕まることも多いです。

一般的には、過去5年間で5回以上行っていない場合が該当しますが、飲酒運転や無免許運転などは明らかな故意であり、軽微な違反ではありませんので、過去5年で5回とかではなく、１回でも違法行為または風紀を乱す行為を繰り返し行っている者として取り扱われます。

ご自身がどのような違反をしているのかを確認するためには、運転記録証明書を取得することで違反記録を調べることができます。運転記録証明書の請求用紙は、最寄りの交番でもらうことができ、必要事項を記入して、郵便局窓口で６７０円＋手数料２０３円の８７３円を支払うことで、後日自宅に運転記録証明書が郵送されてきます。

また、結婚している者で、配偶者（夫または妻）や子供が家族滞在の在留資格を有している場合も注意が必要です。

家族滞在は、原則的には働けませんが、資格外活動許可を得れば週に28時間以内で働くことができます。しかし、週28時間の制限を超えて働いている場合は、違法行為または風紀を乱す行為を繰り返し行っている者になります。　さらに、本体である技術・人文知識・国際業務のビザを有している者も、「監督不行届」として違法行為または風紀を乱す行為を繰り返し行っている者になります。

この場合は、きちんと働いている時間を適正（週28時間以内）にしてから、5年間の経過が必要です。つまり、真面目に生活をしている実績が5年間必要になるわけです。

家族滞在の在留資格で滞在している人がオーバーワークをしている場合は、すぐにでも仕事自体をやめさせるか、適正時間にするようにしましょう。

要件②・独立の生計を営むに足りる資産または技能を有すること

これは、独立生計要件といって、「日常生活において公共の負担になっておらず、その有する資産または技能等から見て将来において安定した生活が見込まれること」とされています。

公共の負担になってはいけないので、例えば生活保護を受給しているような場合には、この独立生計要件を満たしていないとして、永住の許可は難しいといえるでしょう。

「将来において安定した生活が見込まれること」に関していえば、年収が過去5年間にわたって

３００万円以上あるかどうかが重要です。

そして、大きな注意点としては、次の①、②となります。

また、永住を取りたい申請人本人が主婦で働いていない場合は、配偶者が独立生計要件を満たせば本人が無職で働いていない場合でも永住申請が可能な場合もあります。独立生計要件は、必ずしも本人に備わっていることを要求されているものではないからです。

①　転職

転職自体は悪いことではありませんし、例えば転職によって給料が1・5倍に上がったようなケースでは、キャリアップ転職として評価されるため問題になることはありません。

しかし、転職前と転職後の給与や職務上の地位が同水準、ましてや下がってしまうような場合では、安定した生活とはまだいえないと判断されます。

最低でも、転職した会社で満1年が経過してから永住申請をすることをおすすめします。

②　扶養人数

年収の額も重要ですが、それと同時に扶養人数の数も重要になります。つまり、何人扶養人数がいて、どのように扶養しているのかということです。

収入が多くても、扶養人数が多ければ、生活に使えるお金は少ないということになります。また、扶養家族が多ければ、所得税や住民税等が低くなり、税金の面では日本に貢献していないということになります。

とくに、後者の税金については、後に説明します国益適合要件でも引っかかってきます。

扶養人数が1人増えると、年収は50万円をプラスして考えないといけません。つまり、単独で永住申請をしたい場合は年収300万円でもよいのですが、例えば妻を扶養している場合は最低でも350万円の年収があることが望ましいです。さらに子供が1人いて扶養している場合は、妻＋子供で最低でも100万円プラスで400万円の年収が望ましいといえるでしょう。

私の経験談としては、お客様から源泉徴収票や課税・納税証明書を見せていただくと、海外（日本国外）居住の父母や祖父母、さらには兄弟姉妹まで扶養に入れて、住民税が非課税となっている方が時々いらっしゃいます。

外国人同士のネットワークでは、どうしたら税金が減らせるかという話が出回っていることが多く、その方法として扶養の数を増やせばいいというちょっとずるいやり方をしているケースが多数見受けられました。

本当に扶養すべき人を扶養していればよいのですが、実際には父母は母国でしっかり働いていたり、まったく国際送金をしていなかったりといったこともあります。

このように外国人においては、適正に申告・納税していないということが問題視されて、2016年から「親族関係の書類」と「送金記録等」の書類を提出しないと扶養控除ができなくなるという制度に変わりました。

しかしながらそれ以前は、証明資料がなくても単に名前を書くだけで簡単に扶養に入れることができたのも現実であって、２０１６年以前の扶養人数に関しては、その扶養が適正だったのかどうかという観点から、海外にいる父母や親族との関係や親族の状況、送金の記録の提出と説明を求められることが非常に多いです。

もし、適正とは言えない扶養をしていた場合は、さかのぼって扶養を外していく手続も、永住ビザ申請の前に必要になります。

２０１６年後については、そもそも証明資料がないと扶養に入れることができないシステムになっていますから問題ないと思いますが、それ以前の年の扶養人数についてはお気をつけください。

要件③・その者の永住が日本国の利益に合すると認められること

これは、国益適合要件といい、簡単に言えば、永住権を申請（希望）する外国人が、日本国の利益に合うかどうかになります。具体的には、次の①～⑤になります。

① 原則として、引続き10年以上日本に在留し、このうち就労資格を持って5年以上日本に在留していること

これは、日本継続在留要件といい、引続き10年以上日本に住んでいて、その中の直近5年以上は就労系の在留資格、今回でいえば技術・人文知識・国際業務の在留資格で働いていることが必要になります。

基本的に転職していても問題はありませんが、アルバイトとして働いていてもそれは就労経験に

【図表１　技術・人文知識・国際業務の居住要件】

合計１０年　ＯＫ

留学５年	技術・人文知識・国際業務５年

【図表２　直近５年の要件】

直近５年　ＮＧ

会社勤務３年	無職１年	転職後会社勤務２年

直近５年　ＯＫ

会社勤務３年	無職１年	転職後会社勤務５年

はなりません。

ここで言う「引続き」とは、在留資格が途切れることなく日本に在留し続けていることを意味します。

また、中長期的に日本から出国している場合には注意が必要です。年間で１００日以上または1回の出国で3か月以上の出国がある場合には、「引続き」と判断されず、日本における生活の基盤がないとされる可能性が高いです。

例えば、出産や海外出張などで日本を離れなければならない場合です。年間または1回の出国で前述の出国がある場合には、出国の理由を合理的かつ説得的に説明することが必要ですし、それに加えて、日本における資産状況（日本の不動産の有無）や家族状況（配偶者や子供が日本の学校に通っている等）も説明するとよいでしょう。

今後の生活が日本において継続される可能性が高いということの具体的信憑性があれば、その他の事情との総合判断にはなりますが、許可される可能性も出てくるでしょう。

そして、直近の5年以上の就労資格を持って日本に在留していることとは、在留資格に合った活動を継続していることを意味します。

例えば、３年間会社で勤務したあと、1年間転職活動等で無職の期間が続き、その後に新しい会社に就職して2年間勤務しているような場合では、在留資格に合った活動を継続していませんので、要件を満たしていないことになります。その場合は、新しい会社に就職して満5年経過することで、直近の5年以上が在留資格に合った活動をしているとして、要件を満たすことになります。

② 納税義務等公的義務を履行していること

これは、簡単に言えば、税金をきちんと支払っているのかどうかになります。

税金というのは、住民税や国民健康保険税・国民年金等になります。

会社員の方は、会社で社会保険に加入し、給与から各種税金が天引きされている方がほとんどかと思われますが、中には給与から天引きされておらず、ご自身で支払っている方もいると思われます。そうした方は、注意が必要で、今や永住権の審査において各種税金を支払っているかどうかではなく、支払っていることが前提であり、むしろ重要なのは、納期限を守って支払いをしているかどうかになります。

特に、住民税や国民健康保険税・国民年金は、納期限を守って支払いをしていない場合は不許可となります。なぜならば、永住権が許可された後には支払いをしなくなる可能性があり、国益に適合しないものとして審査されるからです。

納期限を守って支払いをしているかどうかを証明するには、領収書を保管しておくことです。銀行口座からの自動引落とし制度を利用している方は、銀行通帳の記帳を忘れずに行うことが重要です。

合計記帳などでまとめて記帳されてしまった場合には、銀行からの明細を取得することで証明ができます。

また、基本的に、技術・人文知識・国際業務の在留資格を有している方は、会社員がほとんどだと思われますが、フリーランスの方もいるかと思います。フリーランスの方は、ご自身で確定申告を行いますが、申告は適正であるのかということも重要になりますし、納税に関しては納期限を守って支払っていることも併せて重要です。

一口メモ・納期限を守って支払いをしていないような場合

もし、納期限を守って支払いをしていないような場合は、永住申請をする直近の2年間、納期限を守って支払っている実績を残しましょう。そして、理由書において納期限を守れていなかった理由と反省、対策方法（口座自動引落とし制度を利用する、会社で社会保険に入ったなど）を示して申請をすることで、許可される可能性が高いです。

また、国民健康保険は払っているが国民年金は支払っていない、またはそもそも国民年金自体に加入していない方もいます。

その場合は、早急に最寄りの年金事務所に行って、国民年金に加入してください。そして、納期限を守った支払実績を2年分貯めましょう。

原則、過去2年分は遡って支払うことはできますが、そもそも納期限を過ぎた状態での支払いになりますので、納期限を守って支払ったとはみなされません。したがって、納期限を守った2年分の支払実績を有し、理由書にて未加入であった理由・反省・実績を示して申請をすることで、許可される可能性が高いです。

③　現に有している在留資格について、最長の在留期間をもって在留していること

これは、法律上は「5年」が最長の在留期間となるのですが、現時点（2018年3月）で在留期間が「3年」と許可されている場合は、最長の在留期間をもって在留しているものとして取り扱われます。

当然ながら、「1年」の在留期間が許可されている者は、この要件には該当しません。在留期間が「3年」を許可されるまで、在留期間の更新申請を続けましょう。

④　公衆衛生上の観点から有害となるおそれがないこと

これは、具体的には、麻薬・大麻・覚せい剤等の慢性中毒者等のことを意味します。その他は、感染症患者として、エボラ出血熱、クリミア・コンゴ出血熱、痘そう、南米出血熱およびラッサ熱のウイルス性出血熱、ペスト、マールブルグ病等の一類感染症や急性灰白髄炎（ポリオ）、結核、ジフテリア、重症急性呼吸器症候群（SARS）、中東呼吸器症候群（MERS）、鳥インフルエンザ（H5N1）および鳥インフルエンザ（H7N9）等の二類感染症、指定感染症・新感染症の羅

患者などは、公衆衛生上の観点より有害となるおそれがあるものとして取り扱われます。有害とならないことの証明としては、健康診断書を添付してみるのもよいでしょう。

⑤　著しく公益を害する行為をするおそれがないと認められること

これは、素行善良要件と同じであり、国益適合要件としても審査されます。それほど重要なことだということです。

素行善良要件のところでも書きましたが、改めて記載しておきます。

具体的には、次の㋑と㋺になります。

㋑　日本国の法令に違反して、懲役・禁固または罰金に処せられたことがないこと

これは、文言のどおりで、要は悪いことをして処罰されていないことが必要となってきます。では逆に、処罰されたことがある者は、永住権の許可がおりないのでしょうか。答は、特定の期間が経過すれば許可になる可能性があります。

特定の期間とは、懲役と禁固の場合は刑務所から出所してから10年を経過（執行猶予の場合は、猶予期間が満了してから5年経過）すること、罰金・拘留・科料の場合は支払い終えてから5年が経過することで、日本国の法令に違反して処罰されたものとしては取り扱われません。

㋺　日常生活または社会生活において、違法行為または風紀を乱す行為を繰り返し行っていない者

これは、懲役・禁固・罰金・拘留・科料に該当しないような軽微な違反で、しかも繰り返し行っていない者が該当します。

例えば、車の運転による違反が一番多いかと考えられます。駐車禁止違反や一時停止違反、携帯電話使用違反などが多いです。そして、最近では、自転車でも違反行為として同様のケースで捕まることが多いです。

一般的には5回以上行っている場合が該当しますが、飲酒運転や無免許運転などは明らかな故意であり、軽微な違反ではありませんので、５回とかではなく1回でも違法行為又は風紀を乱す行為を繰り返し行っている者として取り扱われます。

ご自身がどのような違反をしているのかを確認するためには、運転記録証明書を取得することで違反記録を調べることができます。運転記録証明書の請求用紙は、最寄りの交番でもらうことができ、必要事項を記入して、郵便局窓口で６７０円＋手数料２０３円の８７３円を支払うことで、後日自宅に運転記録証明書が郵送されてきます。

また、結婚している者で、配偶者（夫または妻）や子供が家族滞在の在留資格を有している場合も注意が必要です。

家族滞在は、原則的には働けませんが、資格外活動許可を得れば週に28時間以内であれば働くことができます。しかし、週28時間の制限を超えて働いている場合は、違法行為または風紀を乱す行為を繰り返し行っている者になります。さらに、本体である技術・人文知識・国際業務の有している当人も、「監督不行届」として違法行為または風紀を乱す行為を繰り返し行っている者になります。

この場合は、きちんと働いている時間を適正（週28時間以内）にしてから、５年間の経過が必要です。つまり、真面目に生活をしている実績が5年間必要になるのです。

家族滞在の在留資格で滞在している人がオーバーワークをしている場合は、すぐにでも仕事自体をやめさせるか、適正時間にするようにしましょう。

●要件④　身元保証人がいること

永住許可申請をする場合は、必ず「身元保証人」を用意しなければなりません。

永住申請において身元保証人になれる人は、日本人か、外国人の場合は「永住者」の方で、安定した収入があり、納税をきちんとしている方でなければいけません。

身元保証人の年収の目安としては、概ね３００万円以上あるとよいとされます。

社会保険に加入しているかいないかはどちらでもよいですが、納税はきちんとしていることが前提です。納期限を守っているかどうかも今のところ関係ありませんので、支払ってさえいれば納期限を守っていなくても大丈夫です。

技術・人文知識・国際業務の在留資格で滞在している外国人の方は、勤務先の社長や上司、学生時代の先生にお願いする人が多いようです。

もしもなかなか身元保証人を引き受けてくれる人がいない場合は、そもそも意味を誤解している場合があります。そのときは、身元保証人の責任についてしっかり理解してもらうようにします。

本書を読んでいるあなたも、もしかするとしっかりと理解ができていないかもしれませんので、身元保証人の責任について記載しておきます。

一口メモ・身元保証人の責任について

身元保証人の保証の内容は、滞在費・帰国費用・法令遵守の３つであり、よく「保証人にはならない」と言われる連帯保証人の内容とは違います。基本的に経済的な賠償は含まれていません。

入管法上の身元保証人とは、道義的責任であり、法律的には責任は負いません。仮に問題が起こったとしても、入管から「滞在費と帰国費用について支払え！」とはなりませんし、外国人本人が犯罪を犯したとしても、「なぜ法令順守させなかったんだ？」とはなりません。あくまで道義的な責任であり、法律的な責任ではないのです。

つまり、万が一、永住を申請する人が法律違反をしても、身元保証人が罰則を受けたり、責任を追及されることはありません。

ただし、仮に外国人本人に問題が起こったとして、身元保証人としての道義的責任が果たせなかったような場合は、それ以降の他の外国人の永住申請のために身元保証人になることは適格性を欠くことにはなります。

また、どうしても身元保証人が見つからない場合は身元保証人を紹介してくれる会社もありますので、利用してみてもいいと思います。その際の注意点としては、紹介会社の料金体系や会社の実態（本業）の明確性や実績があるのかどうかを確認してみましょう。

明確でなかったり、わかりにくかったりする会社はやめておいたほうがよいです。お金だけ取られて紹介してもらえなかったり、架空の人（存在していない人）を紹介されたりします。実態や実績があり、紹介会社の本業が行政書士で、しかも入管業務を専門にしていればなおよいです。

経営・管理から永住

日本で起業している外国人の中で、最も多い在留資格は「経営・管理」ではないでしょうか。技術・人文知識・国際業務の要件と重なる部分は多いのですが、経営者ならではの要件も出てきます。ここでは、「経営・管理」から永住権を許可される要件①〜④を説明していきたいと思います。

●要件①　素行が善良であること

これは、技術・人文知識・国際業務と同じ要件になります。

要は、悪いことをして処罰されておらず、処罰として懲役・禁固の場合は刑務所から出所してから10年を経過（執行猶予の場合は、猶予期間が満了してから5年経過）すること、罰金・拘留・科料の場合は支払い終えてから5年が経過することで、日本国の法令に違反して処罰されたものとしては取り扱われません（技人国素行要件のア）。

そして、懲役・禁固・罰金・拘留・科料以外の軽微な違反については、繰り返し行っていない者です。例えば、自動車・自転車の違反や、家族滞在の在留資格者で、資格外活動オーバーに気をつけてください（技人国素行要件の２）。

●要件②　独立の生計を営むに足りる資産または技能を有すること

これは、独立生計要件といって、技術・人文知識・国際業務の在留資格を持っている者と同じ部分と、新たに経営者として気をつける部分があります。

「日常生活において公共の負担になっておらず、その有する資産または技能等から見て将来において安定した生活が見込まれること」とされている部分は同じです。要は、経営が立ち行かず、その結果、生活保護の受給などで公共の負担になっていてはいけないということです。

「将来において安定した生活が見込まれること」に関しては、経営する会社の安定性と継続性が重要になります。赤字が連続していたり、黒字であっても借入金が多く、債務超過に陥っている場合などは、この独立生計要件を満たしていないとされる可能性は高いです。

それと、経営者の方の給料（役員報酬）は、最低でも３００万円以上に設定しておきましょう。年収が過去5年間にわたって３００万円以上あるかどうかも重要になります。

そして、大きな注意点としては、次の①、②となります。

①　会社員からの独立起業

前職が会社員であって、独立起業（会社設立）をした場合、経営者として1年ぐらいですと安定性に問題があると判断されることが多く、不許可リスクが高いです。最低でも経営・管理の在留資格を取得してから経営を開始し、黒字化（借入金なし）が2年続いたら永住申請をすることをおすすめします。

② 扶養人数

技術・人文知識・国際業務の要件と同じで、扶養人数に気をつけます。

給料（役員報酬）をいくら多く設定しても、扶養人数が多ければ生活に使えるお金は少ないということになります。扶養人数が1人増えると年収は50万円をプラスして考えてください。

単独の場合は年収３００万円で、妻を扶養している場合は最低でも３５０万円の年収です。そしてさらに子供が1人いて扶養している場合は、妻＋子供で最低でも１００万円プラスで４００万円の年収が望ましいです。

また、技術・人文知識・国際業務の要件と同じで、繰返しとなりますが、永住を取りたい申請人本人が主婦で働いていない場合は、配偶者が独立生計要件を満たせば、本人が無職で働いていない場合でも永住申請が可能な場合もあります。独立生計要件は必ずしも本人に備わっていることを要求されているものではないからです。

●要件③　その者の永住が日本国の利益に合すると認められること

これは、国益適合要件です。永住権を申請（希望）する外国人が、日本国の利益に合うかどうかになります。具体的には、次の①～⑤になります。

【図表３　経営管理バージョンの居住年数】

合計１０年　OK

留学５年	技人国３年	経営・管理２年

【図表４　直近５年、経営管理バージョン】

直近５年　NG

会社経営３年	休眠１年	経営再開２年

直近５年　OK

会社経営３年	休眠１年	経営再開５年

①　原則として、引続き10年以上日本に在留し、このうち就労資格を持って5年以上日本に在留していること

これは、日本継続在留要件といい、引続き10年以上日本に住んでいて、その中の直近5年以上は就労系の在留資格、ここでは経営・管理の在留資格で経営していることが必要になります。

また、技術・人文知識・国際業務の在留資格で3年と経営・管理の在留資格で2年の合計5年でも大丈夫です。

ここでの「引続き」とは、技術・人文知識・国際業務の要件と同じで、在留資格が途切れることなく日本に在留し続けていることを意味しています。年間で１００日以上の出国または１回の出国が３か月以上ある場合には、「引続き」と判断されず、日本における生活の基盤がないとされる可能性が高いです。

年間または1回の出国で前述に該当する出国がある場合には、出国の理由を合理的かつ説得的に説明することが必要ですし、それに加えて、日本における資産状況（日本の不動産の有無）や家族状況（配偶者や子供が日本の学校に通っている等）も説明するとよいでしょう。

今後の生活が日本において継続される可能性が高いということの具体的信憑性があれば、その他の事情との総合判断にはなりますが、許可される可能性が出てくるところも技術・人文知識・国際業務と同じになります。

そして、直近の5年以上の就労資格をもって日本に在留していることとは、在留資格に合った活動を継続していることを意味します。

経営・管理の場合ですと、例えば、3年間会社を経営したあと、1年間休眠等で無職の期間が続き、その後に経営活動を再開して2年間経営しているような場合では、在留資格に合った活動を継続していませんので、要件を満たしていないことになります。

その場合は、残り3年間経営活動をすることで、直近の5年以上が在留資格に合った活動をしているとして、要件を満たすことになります。

② 納税義務等公的義務を履行していること

税金をきちんと支払っているかどうかということですが、これは技術・人文知識・国際業務の在留資格を持っている者と同じ部分と、新たに経営者として気をつける部分があります。

経営・管理から永住における税金というのは、会社としての税金（法人税や事業税・消費税、法人都道府県・市区町村民税等）と個人としての税金（住民税や所得税等）の両方になります。

それと、ご自身の会社が各種保険適用（加入）をしていることも重要になります。厚生年金や健康保険、雇用保険・労働保険等の適用（加入）をしており、各種納税をしていることが必要となります。

そして、永住の審査で最重要なのは、納期限を守って支払いをしているかどうかになります。

一口メモ・納期限を守って支払いをしていない場合はどうする？

技術・人文知識・国際業務から永住の場合と同様に、納期限を守って支払いをしていない場合は、永住申請をする直近の２年間、納期限を守って支払っている実績を貯めましょう

その上で、理由書において納期限を守れていなかった理由と反省、対策方法（口座自動引落とし制度を利用する、電子納付制度を利用するなど）を示して申請をすることで、許可される可能性があります。

また、経営者ならではとして、経営する会社が各種保険の適用（加入）をしていない場合があります。法人経営者であるならば、従業員を雇用していなくても加入義務がありますし、個人事業主であれば、常勤の従業員を５人以上雇用していれば加入義務が発生します。

加入義務があるにもかかわらず加入していない場合は、早急に適用（加入）手続をしてください。

その上で、２年間の支払実績を貯めてください。遡っての支払いは可能ですが、そもそも納期限を守って支払ったものではありませんので、納期限を守って支払ったとはみなされません。

したがって、納期限を守って支払った実績を有し、理由書において未加入であった理由・反省・実績を示して申請をすることで、許可される可能性が高いです。

③　現に有している在留資格について最長の在留期間をもって在留していること

これは、法律上は「5年」が最長の在留期間となるのですが、現時点（2018年3月）では在留期間は「3年」を許可されている場合は、最長の在留期間をもって在留しているものとして取り扱われます。

④　公衆衛生上の観点から有害となるおそれがないこと

これは、感染症患者として一類感染症、二類感染症、指定感染症・新感染症の羅患者。その他として麻薬・大麻・覚せい剤等の慢性中毒者等のことを意味します。

⑤　著しく公益を害する行為をするおそれがないと認められること

これは、素行善良要件と同じであり、国益適合要件として次のイ、ロも審査されます。

イ　日本国の法令に違反して、懲役・禁固又は罰金に処せられたことがないこと

ロ　日常生活または社会生活において、違法行為または風紀を乱す行為を繰り返し行っていない者

●要件④　身元保証人がいること

技術・人文知識・国際業務の要件と同じで、永住許可申請をする場合の「身元保証人」は、日本人か、外国人の場合は「永住者」の方で、安定した収入（目安は300万円以上）があり、納税をきちんとしている方でなければいけません。経営・管理の在留資格で滞在している外国人の方は、経営者仲間や友人、学生時代の先生にお願いする人が多いようです。

そもそもの意味を誤解されていて身元保証人となってもらえない場合もありますので、次の身元保証人の責任についてしっかりと理解して説明し、よく誤解される連帯保証人とは違うことを理解してもらいましょう。それでも見つからない場合は、身元保証人の紹介会社を利用してみてもよいと思います。くれぐれも悪質な紹介会社には注意してください。

一口メモ・身元保証人の責任

身元保証人の保証の内容は滞在費・帰国費用・法令遵守の３つがありますが、基本的に経済的な賠償は含まれていません。入管法上の身元保証人とは道義的責任であり、法律的には責任は負いません。ただし、仮に外国人本人に問題が起こったとして、身元保証人としての道義的責任が果たせなかった場合は、それ以降の他の外国人の永住申請のために身元保証人としては適格性を欠くことにはなります。

2　身分系在留資格から永住の場合

日本人の配偶者等から永住

日本に滞在している人で、在留資格「日本人の配偶者等」を持っている人とは、文字どおり日本人と結婚した外国人配偶者の方が一番多く当てはまります。

日本人の配偶者以外には、例えば日本人の子供もこの在留資格を取得しています。日本人の子供には、普通養子や特別養子も含みますし、元日本人も含みます。

ここでは、この「日本人の配偶者等」から永住権を許可されるための要件①、②を説明します。

●要件①　その者の永住が日本国の利益に合すると認められること

これは、国益適合要件です。簡単に言えば、永住権を申請（希望）する外国人が、日本国の利益に合うかどうかになります。

具体的には、次の①〜⑤になります。

① 日本に1年以上（婚姻から3年以上経過）引き続き在留していること

これは、日本継続在留要件といい、日本人と結婚した外国人配偶者の場合と日本人の実子または特別養子の場合の2種類のパターンがあります。

㋑ 日本人と結婚した配偶者の場合（図表5、6参照）

実態を伴った婚姻が3年以上継続し、かつ、引続き1年以上日本に在留していることが必要です。

これは、実態を伴った婚姻である必要がありますので、婚姻していても別居していたような場合は実態がないと判断されてしまいます。

しかし、例えば、仕事の都合上で単身赴任をして別居に至っているが、週に1回は配偶者のいる

【図表５　日本人の配偶者　婚姻３年、日本居住３年パターン】

婚姻３年＋日本居住３年　ＯＫ

日本人と婚姻継続＋日本に居住３年

【図表６　日本人の配偶者　婚姻３年、日本居住１年パターン】

婚姻３年＋日本居住１年　ＯＫ

日本人と婚姻継続＋日本国外居住２年	日本人と婚姻継続＋日本に居住１年

婚姻２年＋日本居住１年　ＮＧ

日本人と婚姻継続＋日本国外居住１年	日本人と婚姻継続＋日本に居住１年

家に帰っているような、別居の理由に合理性があるケースでは実態がないと判断されることはありません。

また、日本人との婚姻から3年以上経過していれば、日本には1年以上の居住でよいです。

例えば、海外で2年以上結婚&同居後に日本に来て1年のケースが当てはまりますが、このようなケースはさほど多くありません。

現実的には、結婚後に日本に3年居住して永住許可を申請するケースが多いですので、３年間の実態が伴った婚姻生活であることが必要になります。

そして、これは実体法上の身分関係として、日本人の配偶者であればよく、「日本人の配偶者等」の在留資格を得ることまでは必要とはされていません。

例えば、日本人と結婚しているけれども、現在は「技術・人文知識・国際業務」の在留資格で日本に滞在している人でも、実態を伴った婚姻が3年以上継続し、かつ、引続き1年以上日本に在留していることの要件に当てはまります。

【図表7　日本人の実子または特別養子　１年パターン】

日本居住１年　OK

日本に居住１年

【図表8　日本人の普通養子　10年パターン】

日本居住１０年　OK

日本に居住１０年

ロ　日本人の実子または特別養子の場合（図表7、8参照）

引続き1年以上日本に在留していることが必要となります。

注意が必要なのは、普通養子の場合です。普通養子は、引続き1年以上日本に在留していることの要件には当てはまらなく、引続き10年以上日本に在留していることが必要となります。

② 納税義務等公的義務を履行していること

就労系在留資格から永住の場合についての要件と同じで、日本人の配偶者等から永住の場合でも各種税金をきちんと支払っているのかどうかになります。

各種税金というのは、住民税や国民健康保険税・国民年金等になります。

会社員の方は会社で社会保険に加入し給与から各種税金が天引きされている方がほとんどですが、中には給与から天引きされておらず、ご自身で支払っている方もいると思われます。さらに、会社を経営している方もいるかと思われます。

繰返しになりますが、そうした方は注意が必要で、各種税金を支払っていることが前提であり、むしろ重要なのは、納期限を守って支払いをしているかどうかになります。

特に、住民税や国民健康保険税・国民年金について納期限を守って支払いをしていない場合は、永住権が許可された後には支払わなくなる可能性があり、国益に適合しないものとして不許可となります。

納期限を守って支払いをしているかどうかを証明するには、領収書を保管しておくことです。銀行口座からの自動引落とし制度を利用している方は、銀行通帳の記帳を忘れずに行うことが重要です。合計記帳などでまとめて記帳されてしまった場合には、銀行からの明細を取得することで証明ができます。

会社を経営している場合は、会社としての税金（法人税や事業税・消費税、法人都道府県・市区町村民税等）と個人としての税金（住民税や所得税等）の両方になります。

さらに、ご自身の会社が各種保険適用（加入）をしていることも重要になります。健康保険や厚生年金、雇用保険・労働保険等の適用（加入）をしており、各種納税をしていることが必要となります。そして、同じように、各種税金を支払っているかどうかではなく、納期限を守って支払いをしているかどうかも注意してください。

一口メモ・納期限を守って支払いをしていない場合はどうする？

もし、納期限を守って支払いをしていないような場合は、永住申請をする直近の２年間、納期限を守って支払っている実績を貯め、理由書において納期限を守れていなかった理由と反省、対策方法（口座自動引落とし制度を利用する、会社で社会保険に入ったなど）を示して申請をすることで、許可される可能性が高いです。

また、会社員ではなく、経営者の場合は、経営する会社が各種保険の適用（加入）していない場合があります。法人経営者であるならば、従業員を雇用していなくても加入義務がありますし、個人事業主であれば、常勤の従業員を5人以上雇用していれば加入義務が発生します。

加入義務があるにもかかわらず加入していない場合には、早急に適用（加入）手続をしてください。そして、2年間の支払実績を貯めてください。納期限を守って支払った実績を有し、理由書において未加入であった理由・反省・実績を示して申請をすることによって、許可される可能性が高いです。

一口メモ・収入が低くて非課税状態である場合

日本人の配偶者等の在留資格を有している場合には、就労系在留資格から永住の場合にあった「独立の生計を営むに足りる資産または技能を有すること」の要件はありません。

しかしながら、永住審査の実態として、収入の要件として300万円以上（扶養1人当たり50万円プラス）を満たしていない場合は、不許可にされる可能性が高いです。ましてや非課税状態であれば国益に適合しないということになります。

しかし、就労系在留資格から永住の場合のような5年間の300万円収入継続維持ではなく、直近1年間の収入が300万円以上（扶養1人当たり50万円プラス）あれば許可とされる可能性が高いです。

③　現に有している在留資格について、最長の在留期間をもって在留していること
現時点（２０１８年３月）では在留期間は「５年」または「３年」を許可されている場合は、最長の在留期間をもって在留しているものとして取り扱われます。
④　公衆衛生上の観点から有害となるおそれがないこと
これは、感染症患者として一類感染症、二類感染症、指定感染症・新感染症の罹患者。その他として麻薬・大麻・覚せい剤等の慢性中毒者等のことを意味します。
⑤　著しく公益を害する行為をするおそれがないと認められること
就労系在留資格から永住の場合でも書きましたが、身分系在留資格から永住の場合ではまだ出てきていませんので、要約ではなく改めて記載しておきます。
(イ)　日本国の法令に違反して、懲役・禁固又は罰金に処せられたことがないこと
文言のどおりで、要は悪いことをして処罰されていないことが必要となってきます。処罰されている方は特定の期間が経過すれば許可になる可能性があります。

特定の期間とは、懲役と禁固の場合は刑務所から出所してから10年を経過（執行猶予の場合は、猶予期間が満了してから5年経過）すること、罰金・拘留・科料の場合は支払い終えてから5年が経過することで、日本国の法令に違反して処罰されたものとしては取り扱われません。
(ロ)　日常生活または社会生活において、違法行為または風紀を乱す行為を繰り返し行っていない者
これは、懲役・禁固・罰金・拘留・科料に該当しないような軽微な違反で、しかも繰返し行って

いる者が該当します。例えば、車の運転による違反が一番多いかと考えられます。駐車禁止違反や一時停止違反、携帯電話使用違反などが多いです。そして、最近では自転車でも違反行為として同様のケースで捕まることが多いです。

一般的には5回以上行っている場合が該当しますが、飲酒運転や無免許運転などは明らかな故意であり、軽微な違反ではありませんので、5回とかではなく1回でも違法行為または風紀を乱す行為を繰返し行っている者として取り扱われます。

ご自身がどのような違反をしているのかを確認するためには、運転記録証明書を取得することで調べることができます。運転記録証明書の請求用紙は、最寄りの交番でもらうことができ、必要事項を記入して、郵便局窓口で670円＋手数料203円の873円を支払うことで、後日自宅に運転記録証明書が郵送されてきます。

㈧　少年法による保護処分が継続中の者

これは、少年法24条の保護処分が継続中の者が該当します。具体的には、保護観察所の保護観察がつけられていること、少年院に送致されている者になります。

●要件②　身元保証人がいること

永住申請において身元保証人になれる人は、日本人か、外国人の場合は「永住者」の方で、安定した収入があり、納税をきちんとしている方でなければいけません。

日本人と婚姻している配偶者や日本人の実子として滞在している外国人の方は、配偶者（日本人）や親（日本人）にお願いすることになります。もしも、配偶者や親が永住の際の身元保証人として協力をしてくれない場合は、そもそも意味を誤解している場合がありますので、その誤解をしっかり解くことが重要になります。一番誤解しやすい例としては、連帯保証人です。

身元保証人の保証の内容は、滞在費・帰国費用・法令遵守の３つであり、よく「保証人にはなるな」と言われる連帯保証人の内容とは違います。基本的に経済的な賠償は含まれておりません。入管法上の身元保証人とは、道義的責任であり、法律的には責任は負いません。仮に問題が起こったとしても、入管から「滞在費と帰国費用について支払え！」とはなりませんし、外国人本人が犯罪を犯したとしても、「なぜ法令順守させなかったんだ？」とはなりません。あくまで道義的な責任であり、法律的な責任ではないのです。

つまり、万が一、永住を申請する人が法律違反をしても、身元保証人が罰則を受けたり、責任を追及されることはありません。

ただし、仮に外国人本人に問題が起こったとして、身元保証人としての道義的責任が果たせなかったような場合は、それ以降の他の外国人の永住申請のために身元保証人になることは、適格性を欠くことにはなります。

なお、身元保証人についてしっかりとした説明をしても協力してくれない場合は、実態のある婚姻が継続しているとは判断されませんので、不許可となる可能性が高いです。

・外国人配偶者が主婦（主夫）などで要件を満たすことができない場合

日本人の配偶者等の在留資格を有している方は、主婦（主夫）などで、無収入又は扶養の範囲内での収入によって日本人配偶者側の扶養に入っている方も多いと思われます。つまり、外国人配偶者個人として、各種納税関係の義務を履行していることの要件を満たせない場合もあります。その場合には、日本人配偶者側がその要件を満たしていなければなりません。

日本人配偶者側が会社員で社会保険の加入者であればよいですが、社会保険未加入でご自身で支払っているような場合は注意が必要です。支払っているどうかではなく、納期限を守っているかどうかというところをきちんと把握してください。

会社経営者の場合には、経営形態に合わせて、各種保険加入義務の履行と納期限内支払いの履行をしていなければ、国益適合要件を満たしていないとして不許可の可能性が高いです。

納期限内支払いをしていない場合や、各種保険加入義務違反の場合には、実績を2年以上貯めてからの申請とすることで、許可される可能性が出てきます。

・在留特別許可や上陸特別許可をもらっている場合

日本人の配偶者等の在留資格を有する方で、過去にオーバーステイや、上陸拒否期間中の入国許可などで、在留特別許可や上陸特別許可をもらっている方もいらっしゃると思います。その場合には、単純にこれまで説明してきた要件を満たしていても永住権の許可はされません。

具体的には、日本における継続在留要件です。在留特別許可や上陸特別許可をもらったことがある人については、婚姻が3年以上続いていても日本在留歴は1年ではなく、在留特別許可または上陸特別許可をもらった日より3年以上の日本在留歴が求められます。

永住者の配偶者等から永住

日本に滞在している人で、在留資格「永住者の配偶者等」を持っている人とは、文字どおり永住者または特別永住者と結婚した外国人配偶者の方が一番多く当てはまります。

永住者または特別永住者の配偶者以外には、例えば永住者または特別永住者の子供もこの在留資格を取得しています。永住者または特別永住者の子供には、普通養子や特別養子も含みます。

ここでは、「永住者の配偶者等」から永住権を許可されるための要件①、②を説明します。

●要件①　その者の永住が日本国の利益に合すると認められること

これは、国益適合要件です。日本人の配偶者等と同じで、永住権を申請（希望）する外国人が、日本国の利益に合うかどうかになります。

具体的には、次の①～⑤になります。

①　日本に1年以上（婚姻から3年以上経過）引続き在留していること

日本継続在留要件で、永住者または特別永住者と結婚した外国人配偶者の場合と永住者または特別永住者の実子または特別養子の場合の2種類のパターンがあります。

【図表９　永住者の配偶者婚姻３年、日本居住３年パターン】

婚姻３年　ＯＫ

永住者と婚姻継続＋日本に居住３年

【図表10　永住者の配偶者婚姻３年、日本居住３年パターン】

婚姻３年＋日本居住１年　ＯＫ

永住者と婚姻継続＋日本国外居住２年	永住者と婚姻継続＋日本に居住１年

婚姻２年＋日本居住１年　ＮＧ

永住者と婚姻継続＋日本国外居住１年	永住者と婚姻継続＋日本に居住１年

㋑　永住者または特別永住者と結婚した配偶者の場合

日本人の配偶者等と同じで、実態を伴った婚姻が3年以上継続し、かつ、引続き1年以上日本に在留していることが必要です。

別居している場合には、その別居の理由に合理性があるケースでは、実態がないと判断されることはありません。

また、永住者または特別永住者との婚姻から3年以上経過していれば、日本には1年以上の居住でよいです。

そして、これも日本人の配偶者等と同じで、実体法上の身分関係として、永住者または特別永住者の配偶者であればよく、「永住者の配偶者等」の在留資格を得ることまでは必要とはされていません。

例えば、永住者または特別永住者と結婚しているけれども、現在は「技術・人文知識・国際業務」の在留資格で日本に滞在している人でも、実態を伴った婚姻が3年以上継続し、かつ、引続き1年以上日本に在留していることの要件に当てはまります。

なお、在留特別許可や上陸特別許可をもらったことがある人については、婚姻が3年以上続いていても日本在留歴は1年ではな

【図表 11　永住者の実子または特別養子１年パターン】

日本居住１年　ＯＫ

日本に居住１年

【図表 12　永住者の普通養子　10 年パターン】

日本居住１０年　ＯＫ

日本に居住１０年

く、在留特別許可または上陸特別許可をもらった日より3年以上の日本在留歴が求められます。

㋺　永住者または特別永住者の実子または特別養子の場合

引続き1年以上日本に在留していることが必要となります。普通養子は、引続き10年以上日本に在留していることが必要となります。

②　納税義務等公的義務を履行していること

各種税金を支払っていることです。

各種税金というのは、住民税や国民健康保険税・国民年金等になります。

会社員の方は、会社で社会保険に加入し給与から各種税金が天引きされている方がほとんどですが、ご自身で支払っている方もいると思われます。

さらに、会社を経営している方もいるかと思われます。

繰返しになりますが、そうした方は注意が必要で、納期限を守って支払いをしているかどうかになります。

特に、住民税や国民健康保険税・国民年金は、納期限を守って支払いをしていない場合は、国益に適合しないものとして不許可となります。

会社を経営している場合は、会社としての税金（法人税や事業税・消費税、法人都道府県・市区町村民税等）と個人としての税金（住民税や所得税等）の両方になります。それと、ご自身の会社が各種保険適用（加入）をしていることも重要になります。健康保険や厚生年金、雇用保険・労働保険等の適用（加入）をしており、各種納税をしていることが必要となります。

そして、同じように各種税金を支払っているかどうかではなく、納期限を守って支払いをしているかどうかも注意してください。

もし、納期限を守って支払いをしていないような場合は、永住申請をする直近の2年間、納期限を守って支払っている実績を貯めましょう。そして、理由書において納期限を守れていなかった理由と反省、対策方法（口座自動引落とし制度を利用する、会社で社会保険に入ったなど）を示して申請をすることで、許可される可能性があります。

また、日本人の配偶者等の在留資格を有している場合と同様に、永住審査の実態として、収入の要件として３００万円以上（扶養１人当たり50万円プラス）を満たしていない場合は不許可にされる可能性が高いです。ましてや非課税状態であれば国益に適合しないということになります。

しかし、就労系在留資格から永住の場合のような5年間の３００万円収入継続維持ではなく、直近1年間の収入が３００万円以上（扶養1人当たり50万円プラス）あれば許可とされる可能性が高いです。

③　現に有している在留資格について最長の在留期間をもって在留していること

現時点（２０１８年3月）では在留期間は「5年」または「3年」を許可されている場合は、最長の在留期間をもって在留しているものとして取り扱われます。

④　公衆衛生上の観点から有害となるおそれがないこと

これは、感染症患者として一類感染症、二類感染症、指定感染症・新感染症の罹患者。その他として麻薬・大麻・覚せい剤等の慢性中毒者等のことを意味します。

⑤　著しく公益を害する行為をするおそれがないと認められること

これは、日本人の配偶者等と同じです。要点としては、次の㋑と㋺です。

㋑　日本国の法令に違反して、懲役・禁固又は罰金に処せられたことがないこと

㋺　日常生活または社会生活において、違法行為または風紀を乱す行為を繰返し行っていない者

さらに、少年法24条の保護処分が継続中でない者が該当します。

●要件②　身元保証人がいること

永住者または特別永住者と婚姻している配偶者やその実子として滞在している外国人の方は、配偶者（永住者または特別永住者）や親（永住者または特別永住者）にお願いすることになります。もしも、配偶者や親が永住の際の身元保証人として協力をしてくれない場合は、そもそも意味を誤解している場合がありますので、その誤解をしっかり解くことが重要になります。

一番誤解しやすい例としては、連帯保証人です。身元保証人についてしっかりとした説明をしても協力してくれない場合は、実態のある婚姻が継続しているとは認められませんので、不許可とな

る可能性が高いです。

定住者から永住

日本に滞在している人で、在留資格「定住者」を持っている人とは、例えば連れ子として日本に来た人や日系人の人、それから難民の認定を受けて定住者の在留資格を得た人もいます。

定住者の在留資格を持っている人は実に様々な理由があります。これは、定住者という在留資格が特別な理由がある外国人に日本への居住を認めるために設けられた制度だからです。法律で決まっている理由もあれば、決まっていない理由もあり、実に様々な事情があります。

ここでは、「定住者」から永住権を許可されるための要件①~④を説明します。

●要件①　素行が善良であること

これは、前述の「就労系在留資格から永住」と同じ要件の①と②になり、そこに1つプラスして「少年法による保護処分が継続中でない者」の要件も加わるということです。

要は、悪いことをして処罰されておらず、処罰として懲役・禁固の場合は刑務所から出所してから10年を経過（執行猶予の場合は、猶予期間が満了してから5年経過）すること、罰金・拘留・科料の場合は支払い終えてから5年が経過することで、日本国の法令に違反して処罰されたものとしては取り扱われません（技人国素行要件のア）。

そして、懲役・禁固・罰金・拘留・科料以外の軽微な違反で繰返し行っていない者です。

例えば、自動車・自転車の違反に気をつけるとともにと、家族滞在の在留資格者で資格外活動オーバーに気をつけてください（技人国素行要件の２）。

なお、少年法による保護処分が継続中でない者とは、少年法24条の保護処分が継続中でない者が該当します。

●要件②　独立の生計を営むに足りる資産または技能を有すること

独立生計要件となります。「日常生活において公共の負担になっておらず、その有する資産または技能等から見て将来において安定した生活が見込まれること」とされており、公共の負担になってはいけないので、例えば生活保護を受給しているような場合には、この独立生計要件を満たしていないので永住の許可は難しいといえるでしょう。

「将来において安定した生活が見込まれること」に関しては、年収が過去５年間にわたって３００万円以上あるかどうかです。そして、大きな注意点としては、次のイとロとなります。

イ　転職

今までの記載と同じで、転職自体は悪いことではなく、例えば転職によって給料が１・５倍に上がったようなケースでは、キャリアアップ転職として評価されるため問題になることはありません。

しかし、転職前と転職後の給与や職務上の地位が同水準、ましてや下がってしまうような場合では、安定した生活とはまだいえないと判断されます。最低でも転職した会社で満1年が経過してから永住申請をすることをおすすめします。

ロ　扶養人数

「就労系在留資格から永住の場合」の要件と同じで、扶養人数に気をつけます。給料（役員報酬）をいくら多く設定しても、扶養人数が多ければ生活に使えるお金は少ないということになります。扶養人数が1人増えると年収は50万円をプラスして考えてください。単独の場合は年収300万円で、妻を扶養している場合は最低でも350万円の年収です。そして、さらに子供が1人いて扶養している場合は、妻＋子供で最低でも100万円プラスで400万円の年収が望ましいです。

また、繰返しになりますが、永住権を取りたい申請人本人が主婦で働いていない場合は、配偶者が独立生計要件を満たせば、永住申請が可能な場合もあります。独立生計要件は必ずしも本人に備わっていることを要求されているものではないからです。

なお、難民の認定を受けて「定住者」の在留資格を得た人は、この要件を満たさなくても大丈夫です。

●要件③　その者の永住が日本国の利益に合すると認められること

これは、国益適合要件です。簡単に言えば、永住権を申請（希望）する外国人が、日本国の利益に合うかどうかになります。

【図表 13　単純定住者】

日本居住５年　OK

定住者許可日から５年日本居住

【図表 14　日本人の配偶者→定住者】

日本居住５年　OK

日本人と婚姻３年	日本人と離婚後定住２年

具体的には、次の①～⑤になります。

①　定住者の在留資格を許可されてから引続き5年以上日本に在留していること

これは、日本継続在留要件といいます。「定住者の在留資格を許可されてから」引続き5年以上日本に居住していることが要件です。単に日本に居住して5年以上ではないことにご注意ください。ここでいう「引続き」とは、在留資格が途切れることなく日本に在留し続けていることを意味します。

また、中長期的に日本から出国している場合には注意が必要です。年間で100日以上または1回の出国で3か月以上の出国がある場合には「引続き」と判断されず、日本における生活の基盤がないとされる可能性が高いです。例えば、出産や海外出張などで日本を離れなければならない場合です。

年間または1回の出国で上記の出国がある場合には、出国の理由を合理的かつ説得的に説明することが必要ですし、それに加えて、日本における資産状況（日本の不動産の有無）や家族状況（配偶者や子供が日本の学校に通っている等）も説明するとよいでしょう。

今後の生活が、日本において継続される可能性が高いということの具体的信憑性があれば、その他の事情との総合判断にはなりますが、許可される可能性も出てくるでしょう。

なお、日本人と結婚して「日本人の配偶者等」の在留資格を持っていた人が、配偶者（日本人）との離婚や死別によって「定住者」の在留資格を許可された人については、「定住者の在留資格が許可されてから引続き5年以上」ではなく、「日本人の配偶者等」の在留資格での滞在とあわせて引続き5年以上日本に滞在していることで、この要件に該当するものとして取り扱われます。

② 納税義務等公的義務を履行していること

これまでご説明してきたことと重複しますが、各種税金を支払っていることです。

各種税金というのは、住民税や国民健康保険税・国民年金等になります。会社員の方は会社で社会保険に加入し給与から各種税金が天引きされている方がほとんどですが、ご自身で支払っている方もいると思われます。さらに、会社を経営している方もいるかと思われます。

繰返しになりますが、そうした方は注意が必要で、納期限を守って支払いをしているかどうかになります。

特に、住民税や国民健康保険税・国民年金は、納期限を守って支払いをしていない場合は、国益に適合しないものとして不許可となります。会社を経営している場合は会社としての税金（法人税や事業税・消費税、法人都道府県・市区町村民税等）と個人としての税金（住民税や所得税等）の両方になります。それと、ご自身の会社が各種保険適用（加入）をしていることも重要になります。

健康保険や厚生年金、雇用保険・労働保険等の適用（加入）をしており、各種納税をしていることが必要となります。そして、同じように各種税金を支払っているかどうかではなく、納期限を守って支払いをしているかどうかも注意してください。

もし、納期限を守って支払いをしていないような場合は、永住申請をする直近の2年間、納期限を守って支払っている実績を貯めましょう。

そして、理由書において納期限を守れていなかった理由と反省、対策方法（口座自動引落とし制度を利用する、会社で社会保険に入ったなど）を示して申請をすることで、許可される可能性があります。

③　現に有している在留資格について最長の在留期間をもって在留していること

これは、法律上は「5年」が最長の在留期間となるのですが、現時点（2018年3月）では在留期間は「3年」を許可されている場合は、最長の在留期間をもって在留しているものとして取り扱われます。

④　公衆衛生上の観点から有害となるおそれがないこと

これは、感染症患者として一類感染症、二類感染症、指定感染症・新感染症の罹患者。その他として麻薬・大麻・覚せい剤等の慢性中毒者等のことを意味します。

⑤　著しく公益を害する行為をするおそれがないと認められること

これは、素行善良要件と同じであり、国益適合要件としても審査されます。

要点としては、次の㋑～㋩です。

㋑ 日本国の法令に違反して、懲役・禁固又は罰金に処せられたことがないこと

㋺ 日常生活または社会生活において、違法行為または風紀を乱す行為を繰返し行っていない者

㋩ 少年法による保護処分が継続中でない者

●要件④　身元保証人がいること

定住者の在留資格で滞在している外国人の方は、親戚や配偶者、勤務先の社長や上司にお願いする人が多いようです。

3　高度専門職から永住の場合

２０１７年4月26日に法務省令が改正され、日本版高度外国人材グリーンカードが始まり、最短1～3年で永住権が取得できるようになりました。それに伴いポイント計算表も改訂され（図表15、16、17参照）、よりポイントを得やすくなっています。

ここでは、この「高度専門職」から永住権を許可されるための要件①～④を説明します。

基本的に就労系在留資格から永住の場合の要件と重複するところがかなりありますので、要点のみを抽出して見ていきたいと思います。

【図表15　高度専門職ポイント計算表（高度専門職第１号イ・高度専門職第２号）-1】

（令和3年7月30日以降）　　参考書式

高度専門職ポイント計算表（高度専門職第1号イ・高度専門職第2号）

「出入国管理及び難民認定法別表第一の二の表の高度専門職の項の下欄の規定に基づき，出入国管理及び難民認定法別表第一の二の表の高度専門職の項の下欄の基準を定める省令」第1条第1号の規定に基づき，ポイントの自己計算を行ったので提出します。

項目	基準				チェック	点数	疎明資料
学歴（注1）	博士学位（専門職学位を除く）				□	30	①
	修士又は専門職学位				□	20	
	大卒又はこれと同等以上の教育（博士，修士を除く）				□	10	
	複数の分野における2以上の博士若しくは修士の学位又は専門職学位（注2）				□	5	
	（注1）最終学歴が対象となります（例えば，博士と修士の両方の学位を有している場合は，30点です。）。 （注2）学位の組み合わせを問わず，専攻が異なることが分かる資料（学位記又は学位証明書で確認できない場合は，成績証明書）を提出して下さい。						
職歴	従事しようとする研究，研究の指導又は教育に係る実務経験						②
	7年以上				□	15	
	5年以上7年未満				□	10	
	3年以上5年未満				□	5	
年収	30歳未満	30～34歳	35～39歳	40歳以上			③
	1,000万円以上	1,000万円以上	1,000万円以上	1,000万円以上	□	40	
	900 ～ 1,000万円	900 ～ 1,000万円	900 ～ 1,000万円	900 ～ 1,000万円	□	35	
	800 ～ 900万円	800 ～ 900万円	800 ～ 900万円	800 ～ 900万円	□	30	
	700 ～ 800万円	700 ～ 800万円	700 ～ 800万円	－	□	25	
	600 ～ 700万円	600 ～ 700万円	600 ～ 700万円	－	□	20	
	500 ～ 600万円	500 ～ 600万円	－	－	□	15	
	400 ～ 500万円	－	－	－	□	10	
年齢	申請の時点の年齢						
	30歳未満				□	15	
	30～34歳				□	10	
	35～39歳				□	5	
研究実績	発明者として特許を受けた発明が1件以上				□	20 2以上に該当する場合は25	④
	外国政府から補助金，競争的資金等を受けた研究に3回以上従事				□		⑤
	学術論文データベースに登載されている学術雑誌に掲載された論文が3本以上 ※責任著者であるものに限る				□		⑥
	その他法務大臣が認める研究実績				□		⑦
特別加算	契約機関						
	Ⅰ　イノベーション促進支援措置を受けている				□	10	⑨
	Ⅱ　Ⅰに該当する企業であって，中小企業基本法に規定する中小企業者				□	10	⑩
	Ⅲ　国家戦略特別区域高度人材外国人受入促進事業の対象企業として支援を受けている				□	10	⑪
	契約機関が中小企業基本法に規定する中小企業者で，試験研究費及び開発費の合計金額が，総収入金額から固定資産若しくは有価証券の譲渡による収入金額を控除した金額（売上高）の3%超 試験研究費等／売上高　＿＿＿円／円　＝　％				□	5	⑩ ⑫

【図表 15　高度専門職ポイント計算表（高度専門職第１号イ・高度専門職第２号）-2】

特別加算（続き）	従事しようとする業務に関連する外国の資格，表彰等で法務大臣が認めるものを保有	□	5	⑬
	日本の大学を卒業又は大学院の課程を修了	□	10	⑭
	日本語能力			⑮
	Ⅰ　日本語専攻で外国の大学を卒業又は日本語能力試験N1合格相当	□	15	
	Ⅱ　日本語能力試験N2合格相当 ※⑭（日本の大学を卒業又は大学院の課程を修了）及びⅠに該当する者を除く	□	10	
	各省が関与する成長分野の先端プロジェクトに従事	□	10	⑯
	以下のいずれかの大学を卒業（注）			⑰
	Ⅰ　以下のランキング2つ以上において300位以内の外国の大学又はいずれかにランクづけされている本邦の大学 □　QS・ワールド・ユニバーシティ・ランキングス（クアクアレリ・シモンズ社（英国））　＿＿位 □　THE・ワールド・ユニバーシティ・ランキングス（タイムズ社（英国））　＿＿位 □　アカデミック・ランキング・オブ・ワールド・ユニバーシティズ（上海交通大学（中国））　＿＿位	□	10	
	Ⅱ　文部科学省が実施するスーパーグローバル大学創成支援事業（トップ型及びグローバル化牽引型）において，補助金の交付を受けている大学	□		
	Ⅲ　外務省が実施するイノベーティブ・アジア事業において，「パートナー校」として指定を受けている大学	□		
	（注）⑭（日本の大学を卒業又は大学院の課程を修了）と重複して加算することが認められています。			
	外務省が実施するイノベーティブ・アジア事業の一環としてJICAが実施する研修を修了したこと（注）	□	5	⑱
	（注）・イノベーティブ・アジア事業の一環としてJICAが実施する研修であって，研修期間が1年以上のものを修了した者が対象となります。なお，JICAの研修修了証明書を提出した場合，学歴及び職歴等を証明する資料は，原則として提出する必要はありませんが，②（職歴）のポイントを加算する場合には，別途疎明資料が必要です。 ・本邦の大学又は大学院の授業を利用して行われる研修に参加した場合，⑭（日本の大学を卒業又は大学院の課程を修了）と重複して加算することは認められません。			
		合計		

※永住許可申請時のみ，該当部分にチェックして下さい。
このポイント計算表は，□　今回の申請時のポイントです。
□　今回の申請から1年前のポイントです。
□　今回の申請から3年前のポイントです。

以上の記載内容は事実と相違ありません。

申出人又は出入国管理及び難民認定法第7条の2に基づき法務省令で定める代理人の署名／作成年月日

署名　　　　　　　　　　　　　　　　　　　　作成年月日　　　　年　　　　月　　　　日

【図表16　高度専門職ポイント計算表（高度専門職第１号ロ・高度専門職第２号）-1】

（令和3年7月30日以降）　　参考書式

高度専門職ポイント計算表（高度専門職第1号ロ・高度専門職第2号）

「出入国管理及び難民認定法別表第一の二の表の高度専門職の項の下欄の規定に基づき，出入国管理及び難民認定法別表第一の二の表の高度専門職の項の下欄の基準を定める省令」第1条第2号の規定に基づき，ポイントの自己計算を行ったので提出します。

項目	基準				チェック	点数	疎明資料
学歴（注1）	博士学位（専門職学位を除く）				□	30	①
	経営管理に関する専門職学位（MBA，MOT）を保有				□	25	
	修士又は専門職学位				□	20	
	大卒又はこれと同等以上の教育（博士，修士を除く）				□	10	
	複数の分野における2以上の博士若しくは修士の学位又は専門職学位（注2）				□	5	
	（注1）最終学歴が対象となります（例えば，博士と修士の両方の学位を有している場合は，30点です。）。 （注2）学位の組み合わせを問わず，専攻が異なることが分かる資料（学位記又は学位証明書で確認できない場合は，成績証明書）を提出して下さい。						
職歴	従事しようとする業務に係る実務経験						②
	10年以上				□	20	
	7年以上10年未満				□	15	
	5年以上7年未満				□	10	
	3年以上5年未満				□	5	
年収（注）	30歳未満	30～34歳	35～39歳	40歳以上			③
	1,000万円以上	1,000万円以上	1,000万円以上	1,000万円以上	□	40	
	900 ～ 1,000万円	900 ～ 1,000万円	900 ～ 1,000万円	900 ～ 1,000万円	□	35	
	800 ～ 900万円	800 ～ 900万円	800 ～ 900万円	800 ～ 900万円	□	30	
	700 ～ 800万円	700 ～ 800万円	700 ～ 800万円	—	□	25	
	600 ～ 700万円	600 ～ 700万円	600 ～ 700万円	—	□	20	
	500 ～ 600万円	500 ～ 600万円	—	—	□	15	
	400 ～ 500万円	—	—	—	□	10	
	（注）年収が300万円に満たないときは，他の項目の合計が70点以上でも，高度専門職外国人としては認められません。						
年齢	申請の時点の年齢						
	30歳未満				□	15	
	30～34歳				□	10	
	35～39歳				□	5	
研究実績	発明者として特許を受けた発明が1件以上				□	15	④
	外国政府から補助金，競争的資金等を受けた研究に3回以上従事				□		⑤
	学術論文データベースに登載されている学術雑誌に掲載された論文が3本以上 ※責任著者であるものに限る				□		⑥
	その他法務大臣が認める研究実績				□		⑦
資格	従事しようとする業務に関連する日本の国家資格（業務独占資格又は名称独占資格）を保有，又はIT告示に定める試験に合格し若しくは資格を保有				○1つ保有	5	⑧
					○複数保有	10	
特別加算	契約機関						
	Ⅰ　イノベーション促進支援措置を受けている				□	10	⑨
	Ⅱ　Ⅰに該当する企業であって，中小企業基本法に規定する中小企業者				□	10	⑩
	Ⅲ　国家戦略特別区域高度人材外国人受入促進事業の対象企業として支援を受けている				□	10	⑪

【図表16　高度専門職ポイント計算表（高度専門職第1号ロ・高度専門職第2号）-2】

特別加算（続き）	契約機関が中小企業基本法に規定する中小企業者で，試験研究費及び開発費の合計金額が，総収入金額から固定資産若しくは有価証券の譲渡による収入金額を控除した金額（売上高）の3％超 試験研究費等／売上高　＿＿円／円　＝　％	□	5	⑩⑫
	従事しようとする業務に関連する外国の資格，表彰等で法務大臣が認めるものを保有	□	5	⑬
	日本の大学を卒業又は大学院の課程を修了	□	10	⑭
	日本語能力			⑮
	Ⅰ　日本語専攻で外国の大学を卒業又は日本語能力試験N1合格相当	□	15	
	Ⅱ　日本語能力試験N2合格相当 ※⑭（日本の大学を卒業又は大学院の課程を修了）及びⅠに該当する者を除く	□	10	
	各省が関与する成長分野の先端プロジェクトに従事	□	10	⑯
	以下のいずれかの大学を卒業（注）			⑰
	Ⅰ　以下のランキング2つ以上において300位以内の外国の大学又はいずれかにランクづけされている本邦の大学 □ QS・ワールド・ユニバーシティ・ランキングス　＿＿位 （クアクアレリ・シモンズ社（英国）） □ THE・ワールド・ユニバーシティ・ランキングス　＿＿位 （タイムズ社（英国）） □ アカデミック・ランキング・オブ・ワールド・ユニバーシティズ＿＿位 （上海交通大学（中国））	□	10	
	Ⅱ　文部科学省が実施するスーパーグローバル大学創成支援事業（トップ型及びグローバル化牽引型）において，補助金の交付を受けている大学	□		
	Ⅲ　外務省が実施するイノベーティブ・アジア事業において，「パートナー校」として指定を受けている大学	□		
	（注）⑭（日本の大学を卒業又は大学院の課程を修了）と重複して加算することが認められています。			
	外務省が実施するイノベーティブ・アジア事業の一環としてJICAが実施する研修を修了したこと（注）	□	5	⑱
	（注）・イノベーティブ・アジア事業の一環としてJICAが実施する研修であって，研修期間が1年以上のものを修了した者が対象となります。なお，JICAの研修修了証明書を提出した場合，学歴及び職歴等を証明する資料は，原則として提出する必要はありませんが，②（職歴）のポイントを加算する場合には，別途疎明資料が必要です。 ・本邦の大学又は大学院の授業を利用して行われる研修に参加した場合，⑭（日本の大学を卒業又は大学院の課程を修了）と重複して加算することは認められません。			
	投資運用業等に係る業務に従事	□	10	㉑
		合計		

※永住許可申請時のみ，該当部分にチェックして下さい。
このポイント計算表は，□　今回の申請時のポイントです。
□　今回の申請から1年前のポイントです。
□　今回の申請から3年前のポイントです。

以上の記載内容は事実と相違ありません。

申出人又は出入国管理及び難民認定法第7条の2に基づき法務省令で定める代理人の署名／作成年月日

署名＿＿＿＿　作成年月日＿＿年＿＿月＿＿日

【図表 17　高度専門職ポイント計算表（高度専門職第１号ハ・高度専門職第２号）-1】

（令和3年7月30日以降）　　　　参考書式

高度専門職ポイント計算表（高度専門職第1号ハ・高度専門職第2号）

「出入国管理及び難民認定法別表第一の二の表の高度専門職の項の下欄の規定に基づき，出入国管理及び難民認定法別表第一の二の表の高度専門職の項の下欄の基準を定める省令」第1条第3号の規定に基づき，ポイントの自己計算を行ったので提出します。

項目	基準	チェック	点数	疎明資料
学歴（注1）	経営管理に関する専門職学位（MBA，MOT）を保有	□	25	①
	博士若しくは修士の学位又は専門職学位	□	20	
	大卒又はこれと同等以上の教育（博士，修士を除く）	□	10	
	複数の分野における2以上の博士若しくは修士の学位又は専門職学位（注2）	□	5	
	（注1）最終学歴が対象となります（大学を卒業してから，経営管理に関する専門職学位（MBA，MOT）の授与を受けた場合，25点です。）。 （注2）学位の組み合わせを問わず，専攻が異なることが分かる資料（学位記又は学位証明書で確認できない場合は，成績証明書）を提出して下さい。			
職歴	事業の経営又は管理に係る実務経験			②
	10年以上	□	25	
	7年以上10年未満	□	20	
	5年以上7年未満	□	15	
	3年以上5年未満	□	10	
年収（注）	3,000万円以上	□	50	③
	2,500　～　3,000　万円	□	40	
	2,000　～　2,500　万円	□	30	
	1,500　～　2,000　万円	□	20	
	1,000　～　1,500　万円	□	10	
	（注）年収が300万円に満たないときは，他の項目の合計が70点以上でも，高度専門職外国人としては認められません。			
地位	代表取締役，代表執行役又は代表権のある業務執行社員	□	10	⑳
	取締役，執行役又は業務執行社員	□	5	
特別加算	活動機関			
	Ⅰ　イノベーション促進支援措置を受けている	□	10	⑨
	Ⅱ　Ⅰに該当する企業であって，中小企業基本法に規定する中小企業者	□	10	⑩
	Ⅲ　国家戦略特別区域高度人材外国人受入促進事業の対象企業として支援を受けている	□	10	⑪
	活動機関が中小企業基本法に規定する中小企業者で，試験研究費及び開発費の合計金額が，総収入金額から固定資産若しくは有価証券の譲渡による収入金額を控除した金額（売上高）の3％超 試験研究費等／売上高　＿＿＿円／円　＝　％	□	5	⑩⑫
	従事しようとする業務に関連する外国の資格，表彰等で法務大臣が認めるものを保有	□	5	⑬
	日本の大学を卒業又は大学院の課程を修了	□	10	⑭

【図表17　高度専門職ポイント計算表（高度専門職第1号ハ・高度専門職第2号）-2】

特別加算（続き）	日本語能力			⑮
	Ⅰ　日本語専攻で外国の大学を卒業又は日本語能力試験N1合格相当	□	15	
	Ⅱ　日本語能力試験N2合格相当 ※⑭（日本の大学を卒業又は大学院の課程を修了）及びⅠに該当する者を除く	□	10	
	各省が関与する成長分野の先端プロジェクトに従事	□	10	⑯
	以下のいずれかの大学を卒業（注）			⑰
	Ⅰ　以下のランキング2つ以上において300位以内の外国の大学又はいずれかにランクづけされている本邦の大学 □　QS・ワールド・ユニバーシティ・ランキングス（クアクアレリ・シモンズ社（英国））＿＿＿位 □　THE・ワールド・ユニバーシティ・ランキングス（タイムズ社（英国））＿＿＿位 □　アカデミック・ランキング・オブ・ワールド・ユニバーシティズ（上海交通大学（中国））＿＿＿位	□	10	
	Ⅱ　文部科学省が実施するスーパーグローバル大学創成支援事業（トップ型及びグローバル化牽引型）において，補助金の交付を受けている大学	□		
	Ⅲ　外務省が実施するイノベーティブ・アジア事業において，「パートナー校」として指定を受けている大学	□		
	（注）⑭（日本の大学を卒業又は大学院の課程を修了）と重複して加算することが認められています。			
	外務省が実施するイノベーティブ・アジア事業の一環としてJICAが実施する研修を修了したこと（注）	□	5	⑱
	（注）・イノベーティブ・アジア事業の一環としてJICAが実施する研修であって，研修期間が1年以上のものを修了した者が対象となります。なお，JICAの研修修了証明書を提出した場合，学歴及び職歴等を証明する資料は，原則として提出する必要はありませんが，②（職歴）のポイントを加算する場合には，別途疎明資料が必要です。 ・本邦の大学又は大学院の授業を利用して行われる研修に参加した場合，⑭（日本の大学を卒業又は大学院の課程を修了）と重複して加算することは認められません。			
	本邦の公私の機関において行う貿易その他の事業に1億円以上を投資	□	5	⑲
	投資運用業等に係る業務に従事	□	10	㉑
		合計		

※永住許可申請時のみ，該当部分にチェックして下さい。
このポイント計算表は，□　今回の申請時のポイントです。
□　今回の申請から1年前のポイントです。
□　今回の申請から3年前のポイントです。

以上の記載内容は事実と相違ありません。

申出人又は出入国管理及び難民認定法第7条の2に基づき法務省令で定める代理人の署名／作成年月日

署名＿＿＿＿＿＿＿＿＿＿＿＿＿＿＿＿　作成年月日　　年　　月　　日

●要件①　素行が善良であること

①日本国の法令に違反して懲役・禁固または罰金に処せられたことがないこと
②日常生活または社会生活において違法行為または風紀を乱す行為を繰返し行っていない者

●要件②　独立の生計を営むに足りる資産または技能を有すること

イ　転職

高度専門職の場合は、転職のたびに在留資格の変更許可申請をしなければならないので、忘れずに申請をするようにしてください。そして、転職前と転職後の給与や職務上の地位が同水準、ましてや下がってしまうような場合では、安定した生活とはまだいえないと判断されることが多く、最低でも転職後1年以上経過後に永住申請をすることをおすすめします。

ロ　扶養人数

扶養人数が1人増えると年収は50万円をプラスして考えてください。

●要件③　その者の永住が日本国の利益に合すると認められること

国益適合要件です。具体的には、次の①（AとB）～⑤になります。

①―A　高度人材外国人として3年以上継続して日本に在留していること、または3年以上滞在している者で、永住許可申請日より3年前の時点を基準として、高度専門職省令に規定するポイン

ト計算を行った場合に、70点以上80点未満の点数を有していたことが認められるものこれはポイント計算表で70点以上80点未満の場合の日本継続在留要件となり、次の2つのパターンになります。

【図表18　70点高度専門職居住要件】

日本居住３年　ＯＫ

７０点を満たした上で日本居住３年

㋑　３年以上継続して「高度人材外国人」として日本に住んでいる人

高度専門職の在留資格が許可されている者は当然この要件に当てはまりますが、中には特定活動という在留資格を許可されているものもいるかと思います。

特定活動は、まだ高度専門職の在留資格がなかったときに、高度人材外国人として認められたものに与えられた在留資格になります。パスポートに「指定書」というのが貼られていると思いますので、それを確認してみてください。

㋺　３年以上滞在している者で、永住許可申請日より3年前の時点を基準として、高度専門職省令に規定するポイント計算を行った場合に、70点以上80点未満の点数を有していたことが認められる者

現在持っている在留資格が高度専門職の在留資格ではなく、高度人材外国人としての特定活動の在留資格でもない人が対象になります。その中で、高度人材の在留資格が許可され得るポイント計算表で、70点以上80点未満の点数が、3年前から満たしていたという人が当てはまります。つまり、実態として、高度人材外国人であればよく、「高度専門職」や「特定活動」の在留資格を得ることまでは必要とはされておりません。

例えば、現在は「技術・人文知識・国際業務」の在留資格で日本に滞在している人でも、ポイント計算の結果、３年以上前から70点〜80点未満のポイントを満たしている場合には高度人材外国人として３年以上という要件に当てはまります。

①－B　高度人材外国人として1年以上継続して日本に在留していること、または1年以上滞在している者で、永住許可申請日より1年前の時点を基準として、高度専門職省令に規定するポイント計算を行った場合に、80点以上の点数を有していたことが認められるもの

これは、ポイント計算表で80点以上の場合の日本継続在留要件となり、次の2パターンになります。

㋑　1年以上継続して「高度人材外国人」として日本に住んでいる人

高度専門職の在留資格が許可されている者は当然この要件に当てはまりますが、中には特定活動という在留資格を許可されている者もいるかと思います。

特定活動は、まだ高度専門職の在留資格がなかったときに、高度人材外国人として認められたものに与えられた在留資格になります。パスポートに「指定書」というのが貼られていると思いますので、それを確認をしてみてください。

㋺　1年以上滞在している者で、永住許可申請日より1年前の時点を基準として、高度専門職省令に規定するポイント計算を行った場合に、80点以上の点数を有していたことが認められるもの

現在持っている在留資格が高度専門職の在留資格ではなく、高度人材外国人としての特定活動の在留資格でもない人が対象になります。

【図表19　80点高度専門職居住要件】

日本居住１年　OK

８０点を満たした上で日本居住１年

その中で、高度人材の在留資格が許可され得るポイント計算表で、80点以上の点数が1年前から満たしていたという人が当てはまります。

つまり、実態として、高度人材外国人であればよく、「高度専門職」や「特定活動」の在留資格を得ることまでは必要とはされておりません。

例えば、現在は「技術・人文知識・国際業務」の在留資格で日本に滞在している人でも、ポイント計算の結果、1年以上前から80点以上のポイントを満たしている場合には高度人材外国人として1年以上という要件に当てはまります。

② 納税義務等公的義務を履行していること

会社員、会社経営者として、納期限を守って各種税金を支払っていることが重要です。特に住民税や国民健康保険税・国民年金は納期限を守っていなければ、不許可となります。

確認される期間としては、ポイントが「70点以上80点未満の人」は直近の2年間となり、「80点以上の人」は直近の1年間になります。したがって、納期限を守っていなかったことが理由で不許可になった人は、ポイントによって直近の1年間または3年間、納期限を守って支払っている実績を貯め、理由書にて納期限を守れていなかった理由と反省、対策方法（口座自動引き落とし制度を利用する、会社で社会保険に入ったなど）を示して申請をすることです。

③ 現に有している在留資格について、最長の在留期間を持って在留していること

高度専門職の在留資格を許可された者は、一律に法律上において最長の期間（現時点では５年）が許可されますので、そのまま最長の在留期間をもって在留しているものとして取り扱われます。

④　公衆衛生上の観点から有害となるおそれがないこと

これは、感染症患者として一類感染症、二類感染症、指定感染症・新感染症の羅患者。その他として麻薬・大麻・覚せい剤等の慢性中毒者等のことを意味します。

⑤　著しく公益を害する行為をするおそれがないと認められること

㋑　日本国の法令に違反して、懲役・禁固または罰金に処せられたことがないこと

㋺　日常生活または社会生活において、違法行為または風紀を乱す行為を繰返し行っていない者

●要件④　身元保証人がいること

日本人か、外国人の場合は「永住者」で、安定収入があり、きちんと納税している方にお願いします。

4　永住要件のＦＡＱ

Ｑ：日本に不動産をもっていたら有利ですか？

Ａ：不動産を一括で購入している場合は、有利です。住宅ローンを組んで不動産を持っている場合は、借金をしている状態ということになりますので、有利にはならないですね。

Q：貯金はいくらあればいいですか？

A：多ければ多いほどよいですが、あまり重要ではありません。一番重要なのは、継続的な収入がいくらあって、真面目に税金を納めているどうかです。貯金残高だけを気にして、いきなり大きな金額を銀行口座に入れると、何のお金なのか怪しまれるのでしないよう気をつけてください。

Q：永住審査期間中に転職をしましたが大丈夫ですか？

A：キャリアアップ転職であればよいですが、そうでない場合は永住審査上マイナスとなり、不許可となる確率が高いです。就労系の在留資格を有している場合は、いずれの場合でも転職をしたら就労資格証明書を必ず取得してください。就労資格証明書とは、転職した先の会社での業務が現在の在留資格に該当していることを証明するものになります。

Q：永住審査期間中に、在留期間の更新が不許可になった場合はどうなりますか？

A：永住権も不許可となります。このままですと日本での滞在ができなくなりますので、永住権よりも現在の在留資格を安定させることに集中しましょう。不許可理由をきちんと精査した上で、再申請や、別の在留資格も視野に入れて検討することが大切です。

Q：家族で永住権を取得したいのですが、家族の中に10年経過していない人もいます。家族全員が10年以上経過するのを待たなくてはなりませんか？

A：仮に家族の方の在留資格が「家族滞在」であれば、当人が単独で永住の要件を満たしていて、他の家族は「永住者の配偶者等」の要件を満たしていれば、家族全員での申請も可能です。

第2章　永住申請の流れとスケジュール

1　永住権の審査期間

出入国在留管理庁のホームページを見ると、現時点（２０１８年３月）で標準処理期間は４か月と記載されています。しかし、実際は、最低でも６か月かかりますし、10か月かかることもあります。

この審査期間については、２０１７年４月26日に法務省令が改正され、日本版高度外国人材グリーンカード制度が始まり、最短１年で永住権が取得できるようになったことに伴い、永住権を申請できる人が増え、申請件数が増大したのが原因かと推測されます。

基本的に永住権の申請をした後は、もう審査を待つことしかできません。ご相談に来所される方々には、「永住権を４か月で取得してください」とか、「専門家に依頼すれば審査を早めてもらうことができますか」と言われることが多々あります。しかし、これぱっかりはどうにもできませんので、結果が出るまで首を長くして審査を待ちましょう。

2　本人が自分で申請を進める場合

本人が自分で永住権の申請を進めていこうとする場合は、一般的に次のようなスケジュールと内容になります。

(1)　管轄の出入国在留管理局で相談

まず、自分1人で申請手続をする場合は、永住権の申請ができるかどうかを確認するために、管轄の出入国在留管理局の永住相談部門に相談しに行ってください。基本的に、相談は無料ですが、待ち時間がかなり長いことが多いですので、時間に余裕をもって行きましょう。

永住相談部門では、現在の在留資格や来日歴、家族関係等を聞かれます。その上で、相談官に申請ができると判断してもらえたら、申請が受け付けられる最低限必要な書類を教えてもらえます。

また、出入国在留管理局の永住相談部門ではなく、インフォメーションセンターに相談する方がいらっしゃいます。比較的空いていますが、外部委託業者が運営をしているため、回答が不適切な場合もあるようです。

したがって、待ち時間が長くても永住相談部門の窓口で相談するようにしましょう。

(2)　必要書類を収集

(1)の際に教えてもらった書類を集めていきましょう。

役所で収集する書類は、基本的に役所が開いている平日に行くことになりますので、働かれている方は仕事の調整をして行くことになります。

また、出入国在留管理局で教えてもらえる書類は、申請を受け付けてもらうことができる最低限の書類なので、永住審査に有利になると思われる書類は自分で判断して集める必要があります。

さらに、収集した書類の整合性を整える必要があり、そもそも書類の見方がわからなければ、収集書類一式を矛盾なく繋げることは難しくなります。

後は審査官の判断に委ねるしかなく、もし収集した書類に矛盾点や不利な点が多々散見されているのがわからず申請をした場合には、結果は当然不許可となりますし、場合によっては現在の在留期間の更新にも影響することになります。

(3) 申請書類一式を作成

集めた書類を見ながら、永住許可申請書や理由書等を間違えないように作成していきましょう。

本国の書類などがある場合には、すべて日本語への翻訳も必要となります。日本語に翻訳した書類には、翻訳した年月日・翻訳者の名前・住所・電話番号を記載して、翻訳者の押印か署名をしましょう。印鑑は認印でも大丈夫です。

作成書類の日本語が間違ってしまうと、当然ながら間違った書類で審査されてしまいますので、十分に注意して作成をしましょう。

(4) 申請、受理

管轄の出入国在留管理局に平日9時～16時の間に収集した書類一式と作成した書類一式を持って

いきましょう。

基本的に待ち時間が長く、申請が受け付けられるまで4～5時間以上は待つのが通常です。丸1日が申請するためだけに使われるので、時間に余裕を持っていくことが大切です。

(5) 審査

審査では、勤務先会社への調査や日本人配偶者などの家に訪問などをする場合もあるようです。また、審査期間中には、出入国在留管理局から本人や配偶者に対して質問や追加書類の要求が来るケースがあり、適切に対応することが必要になります。
よく、「自分たちは何も隠すことはない」と開き直り、きちんと対応しない方もいるようですが、許可・不許可を分けるもので、きちんとした対応が必要になります
行政書士にサポート依頼をしている場合は、その都度適切に対処していくことができますし、追加の説明文書等も代行してもらえます。審査期間は平均的に6か月ほどかかります。

(6) 結果通知

●許可の場合：出入国在留管理局からは、結果のお知らせ（ハガキ）が送られてきます。ハガキに記載されている持ち物を持って、出入国在留管理局に永住の在留カードの受け取りに行きましょう。
このときも、丸1日が新しい在留カードを受け取るためだけに使われることもあるので、時間に

余裕を持っていくことが大切です。

●不許可の場合：出入国在留管理局から簡易書留の封書で不許可通知書が送られてきます。通知書には、不許可の理由が簡単に記載されているだけで、具体的にはわかりません。具体的に知るためには、出入国在留管理局に直接出向いて聞く必要がありますが、いくつか注意が必要です。

まず、不許可理由の説明は、1回のみしか聞けません。そして、説明は日本語でされます。最後に、すべての不許可理由を説明してもらえるわけではありません。

したがって、平日の昼間に時間を取って出入国在留管理局に直接出向き、長い待ち時間を乗り越えて、高度な日本語で情報を取っていくという姿勢が必要になります。

なお、永住申請をしたすべての書類の控えを持っていないと、自分の申請内容がわからず、情報を取ることができません。不許可理由がわかったら、その理由を払拭して再申請をしましょう。

3　行政書士が申請をサポートする場合

行政書士がサポートする場合は、次のようなスケジュールと内容となります。

(1)　永住申請を専門に扱っている行政書士に相談予約

確実に永住権が取りたい、不安な点がある、面倒なことは任せたい、時間がないという方は、行政書士などの専門家を利用することをおすすめします。

行政書士に依頼する場合は、永住申請を専門に扱っているかを事前に確認しましょう。行政書士は、取扱分野が広いので、自分の専門分野以外の内容についてはあまり知識がないものです。

例えば、病院なら、歯科と整形外科みたいに違ってきます。虫歯なら歯科、腕の骨折なら整形外科に行くように、永住権なら永住権を専門の行政書士相談することがポイントです。

また、行政書士という国家資格者で、さらに出入国在留管理局申請取次という資格を取得している行政書士は、依頼者の永住申請をサポートすることができます。単なる行政書士資格保持者では法律上サポートできませんので、覚えておきましょう。

⑵　行政書士に相談

行政書士の相談では、まず永住要件を満たしているかを診断してもらいます。その上で、行政書士が案件を受任できる場合は、サービス内容や行政書士報酬の説明を受けます。

⑶　依頼・着手金の支払い

⑵の説明を受けて、依頼を決定した場合は、一般的には総報酬の半分（50％）を着手金として支払うケースが多いです。

ただし、支払方法は、事務所ごとに異なりますので必ず確認しましょう。

(4) 書類の収集と申請書作成

必要書類の収集や永住申請書一式の作成は、行政書士が行います。申請人にとって、必要書類を代わりに集めてもらえるのは、労力や時間節約の面で大きなメリットになるはずです。

日本国内で収集する戸籍謄本や住民票などの各種書類は、有効期限が3か月です。ご自身で申請する方は、計画的に動かないと再度取得しなければならないことが発生してしまいます。行政書士に依頼しておけば、時間切れで書類を取り直しになってしまうという手間も省けます。

また、永住申請書類作成を自身でやる必要がなくなり、大きな心理的負担の軽減になるはずです。行政書士であれば、収集書類の見方も把握していますし、間違った日本語を使用して誤解を与えるような書類を作成することもないでしょう。ご自身で作成してもミスが発生しやすいですので、プロに任せたほうが安心面では大きいかと思います。

(5) 申請・受理

書類が整ったら、行政書士が代わりに出入国在留管理局に申請に行ってくれます。出入国在留管理局は、平日しか空いていないので、仕事を休んだり、その他の予定をずらす必要がなくなり、かなりの時間の節約になります。

(6)　審査

審査では、行政書士のサポートなしの場合と同様に、勤務先会社への調査や日本人配偶者などの家に訪問などをする場合もあるようです。

また、審査期間中には、出入国在留管理局から本人や配偶者に対しての質問や追加書類の要求が来るケースがあり、その際は申請を取り次いだ行政書士に連絡をしてくれます。

自分１人で申請した方は、相談する相手がいないので不安になる方も多いですが、行政書士にサポート依頼している場合は、その都度適切に対処していくことができますし、追加の説明文書等も代行してもらえます。

審査期間は、平均的に６か月ほどと、行政書士によるサポートなしと同じになります。審査期間は、出入国在留管理局・法務省での処理になりますので、行政書士に依頼したからといって審査期間が早くなることは通常ありませんが、申請に至るまでの調査時間・準備検討時間・書類作成時間・書類収集時間・書類作成時間が圧倒的に短縮できます。

(7)　結果通知

●**許可の場合**：申請を取り次いだ行政書士事務所に、出入国在留管理局から結果のお知らせ（ハガキ）が送られてきます。

永住の在留カードの受取りも、行政書士が代わりに行ってくれますので、長い長い待ち時間を浪費する必要もありません。その後行政書士より、永住の在留カードを受け取ることになります。

●不許可の場合：申請を取り次いだ行政書士の事務所に出入国在留管理局から簡易書留の封書で不許可通知書が送られてきます。不許可の詳細な理由は、取り次いだ行政書士が出入国在留管理局に代わりに行って聞いてくれますし、不許可理由を聞いた上で的確な対応策も導き出してくれます。なお、通常、行政書士は、申請した際のすべての書類の控えを保管していますので、不許可理由を払拭して再度申請することで、自分自身で再申請するより許可になる可能性がかなり高いはずです。

一口メモ・行政書士の活用が便利

このように、行政書士に依頼すると、かなりの業務量と精神的負担が軽減されます。行政書士報酬は、事務所ごと、さらにはどこまでサポートするかのサービス内容により違いますが、おおむね10万円~25万円の範囲で受任している事務所が多いように思います。

なお、基本的に、会社経営者は、通常の会社員の方より必要書類が多くなる関係上、報酬も高く設定されているのが普通です。

普段、お仕事等で忙しいあなたに代わって、申請書類一式と理由書の作成、さらに出入国在留管理局への申請代行から結果受取りまでしっかり対処してくれます。専門の行政書士に頼めば、個々人の状況に合わせた上で、高いクオリティで業務を行ってくれることが期待できます。

第3章　申請に必要な書類を集めていこう！

1　市役所・区役所で取得する書類

市役所・区役所で取得する書類には、次のようなものがあります。

(1)　住民税等関係

【一般的な場合】

・住民税の課税（非課税）証明書（同居の家族分も必要）　直近5年または発行される最長期間分

課税証明書は、毎年6月前後に最新年度のものが取得できるようになりますが、6月前後に申請時期がかぶる場合は、最新年度のものも必要になることがあります。

また、収入が低い場合は、住民税が課税されませんので、課税されていないことの証明として非課税証明書を取得します。

役所に申告をしていないと、非課税証明書自体が出ないことがありますから、申告が必要になります。

・住民税の納税証明書（同居の家族分も必要）　直近5年または発行される最長期間分

住民税の未納がある（納期未到来のものは除く）と永住は許可されませんので、未納がある方は必ず支払いをしてから納税証明書を取得してください。

・国民健康保険税の納税証明書（同居の家族分も必要）　直近３年分

国民健康保険に加入している場合に取得します。

会社で社会保険に加入している人は不要ですし、社会保険に加入している方の扶養に入っている方も不要です。

⑵　住民票、戸籍謄本関係

【一般的な場合】

・住民票

世帯全員分で省略なし（住民コードと個人番号は除く）のものを取得します。

【配偶者や親が日本人の場合】

・戸籍謄本

戸籍謄本は、本籍地のある役所に請求します。現住所と本籍地が違うことがあるので要注意です。本籍地がわからない場合は、省略なしの住民票に本籍が記載されています。

【本人が日本で生まれている場合】

・出生届の記載事項証明書

請求先は、出生届を出した市区町村役場になります。現在の住所や本籍を管轄する役所ではないので注意してください。

【日本の役所に婚姻届を提出している場合】

・婚姻届の記載事項証明書

基本的に、外国籍の人は、日本の役所に婚姻届を提出する必要はありませんが、記念として提出している方もいらっしゃいます。

その場合の請求先は、婚姻届を出した市区町村役場になります。現在の住所や本籍を管轄する役所ではないので注意してください。

2　税務署と年金事務所で取得する書類

税務署・年金事務所で取得する書類には、次のようなものがあります。

(1)　税務署で取得する書類

・納税証明書その3

住所地を管轄する税務署で取得することができます。

取得する税目としては、次の5つになります。

納税証明書その3は、証明を受けようとする税目について、証明日現在において未納がないことを証明するものになりますので、対象期間の指定は不要となります。

① 源泉所得税及び復興特別所得税
② 申告所得税及び復興特別所得税
③ 消費税及び地方消費税
④ 相続税
⑤ 贈与税

(2) 年金事務所で取得する書類

年金事務所で取得する書類としては、次のものがあります。

なお、基礎年金番号は黒塗りにするなどして、復元できない状態にする必要があります。

・ねんきん定期便（全期間の年金記録情報が表示されているもの）

交付申請の際は、必ず全期間分（封書）を交付希望」と伝えてください。

なお、毎年送られてくるハガキ形式のねんきん定期便がありますが、すべての期間が確認できないので、提出書類としては使用できませんのでご注意ください。

ところで、全期間のねんきん定期便は、申請してから交付されるまで約2か月かかります。したがって、おすすめは、ねんきんネットの「各月の年金記録」の印刷画面です。

日本年金機構のホームページから登録をしていただくと、1週間前後で、ご自宅にハガキでユーザーIDが届きますので、それを使用してねんきんネットにログインすることで、「各月の年金記録」

が見られるようになります。
それを印刷して提出書類とするのが効率的になります。

・社会保険料納入証明書

申請する方が社会保険適用事業所の事業主である場合に必要な書類となります。申請する際は、直近2年分の期間（高度人材ポイント80点以上の人は直近1年分の期間）を記載して、一括用及び明細・延滞金を含む形で取得してください。

3　法務局で取得する書類

次に掲げる人は、それぞれ法務局で当該書類を取得する必要があります。。

【マンション、土地、建物を所有している場合】

・建物の登記事項証明書

・土地の登記事項証明書

居住用、投資用に関係なく、本人だけでなく、同居の家族が所有している場合も必要です。

【法人経営者の場合】

・法人の登記事項証明書

会社を経営している場合（同居の誰かが経営している場合でも）に必要な証明書です。

4　会社で用意する書類

・源泉徴収票（原本）　直近５年または３年分
　失くしてしまっている場合や使用してしまっている場合は、会社に再発行してもらいましょう。
・在職証明書（３か月以内もの）
・給与明細書　直近３か月分
　通常、毎月もらっているものを保管しておくことが望ましいですが、失くしてしまっている場合や捨ててしまっている場合は、会社から給与証明書を発行してもらいましょう。

5　本国から取得する書類

【中国人の場合】
・出生公証書（図表20参照）
・結婚公証書（結婚している場合）（図表21参照）
・家族関係証明書（子供がいる場合）（図表22参照）
　いずれも中国にある「公証処」で発行してもらいます。

【図表 20　中国の出生公証書】

公　证　书

[redacted]号

申请人：[redacted]，女，[redacted]日出生，公民身份号码：[redacted]。

公证事项：出生

兹证明[redacted]于[redacted]日在上海市出生。[redacted]的父亲是[redacted]（公民身份号码：[redacted]），[redacted]的母亲是[redacted]（公民身份号码：[redacted]）。

中华人民共和国上海市宝山公证处

公证员

二〇[illegible]五[illegible]月[illegible]

【図表 21　中国の結婚公証書】

公　　证　　书

[redacted]号

申请人：[redacted]，男，[redacted]日出生，公民身份号码：[redacted]。

关系人：[redacted]，女，[redacted]日出生，公民身份号码：[redacted]。

公证事项：已婚

兹证明[redacted]与[redacted]于[redacted]日在中华人民共和国江苏省南京市登记结婚。

中华人民共和国江苏省南京市南京公证处

公证员

二〇一五年　五月　[illegible]日

11[redacted]

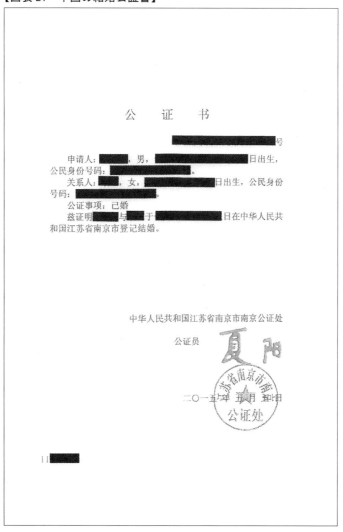

【図表 22　中国の親族関係公証書】

公　　证　　书

[redacted]号

申请人：[redacted]，女，[redacted]日出生，公民身份号码：[redacted]。

关系人：[redacted]，男，[redacted]日出生，公民身份号码：[redacted]。

[redacted]，女，[redacted]日出生，公民身份号码：[redacted]。

公证事项：亲属关系

兹证明[redacted]是[redacted]和[redacted]的女儿。

中华人民共和国上海市宝山公证处

公证员

二〇一五年四月十日

【韓国人の場合】

・基本証明書（図表23参照）

記載してある内容としては、主に「出生」に関することと「訂正された内容」に関することになります。「出生」に関することとしては、出生場所・申告日・申告人や送付した日や送付者の記載があり、「訂正された内容」に関することとは、訂正が許可された日・訂正日・訂正内容などが記載されてあります。韓国籍の方は、生年月日や名前を変更や訂正する方が多いので、この基本証明書で立証することができます。

・婚姻関係証明書（図表24参照）

婚姻や離婚・再婚に関することが記載されてあります。配偶者と一緒に永住の申請をする場合や永住者の配偶者等から永住の申請をする場合には、この婚姻関係証明書で婚姻関係の立証をしていくことになります。

・家族関係証明書（図表25参照）

父親の情報・母親の情報・兄弟姉妹の情報・配偶者の情報・子供の情報が記載されてあります。永住申請において、身分関係を立証する必要がある場合で、例えば配偶者や家族で一緒に永住申請をする場合や、永住者の実子であることを立証して永住の申請をする場合に使用することになります。

日本にある韓国大使館・領事館で取得できます。もちろん、直接韓国で取得することもできます。

【図表 23　韓国の基本証明書】

기 본 증 명 서 (상 세)

[주일본국대한민국대사관]

등록기준지	[redacted]

구 분	상 세 내 용
작성	[redacted] [작성사유] [redacted]

구분	성　　명	출생연월일	주민등록번호	성별	본
본인	[redacted]	[redacted]	[redacted]	남	[redacted]

일반등록사항

구 분	상 세 내 용
출생	[출생장소] [redacted] [신고일] [redacted] [신고인] 부 [송부일] [redacted] [송부자] [redacted]
정정	[정정허가일] [redacted] [허가법원] [redacted] [신청일] [redacted] [신청인] [redacted] [정정일] [redacted] [정정내용] [redacted] [송부일] [redacted] [송부자] [redacted]

위 기본증명서(상세)는 가족관계등록부의 기록사항과 틀림없음을 증명합니다.

[redacted]　[redacted]

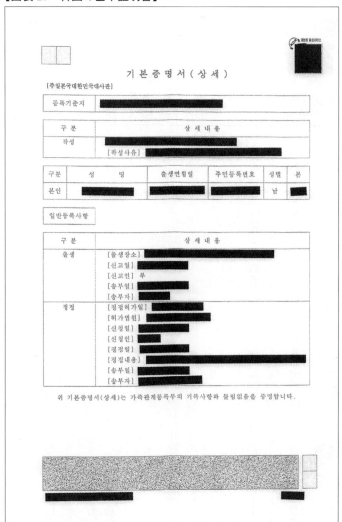

【図表 24　韓国の婚姻関係証明書】

[redacted]

혼 인 관 계 증 명 서 (상 세)

[주일본국대한민국대사관]

등록기준지	[redacted]

구분	성　명	출생연월일	주민등록번호	성별	본
본인	[redacted]	[redacted]	[redacted]	남	[redacted]

혼인사항

구분	성　명	출생연월일	주민등록번호	성별	본
배우자	[redacted]	[redacted]	국적 [redacted]	[redacted]	

구 분	상 세 내 용
혼인	[혼인일] [redacted] [배우자] [redacted] [배우자의국적] [redacted] [배우자의출생연월일] [redacted] [증서작성자] [redacted] [증서등본제출일] [redacted] [증서등본제출자] [redacted] [신고관서] [redacted] [송부일] [redacted] [송부자] [redacted] [처리관서] [redacted]

위 혼인관계증명서(상세)는 가족관계등록부의 기록사항과 틀림없음을 증명합니다.

2017년 04월 26일

전산정보중앙관리소 전산운영책임관 오세하

※ 위 증명서는「가족관계의 등록 등에 관한 법률」제15조제3항에 따른 등록사항을 현출한 상세증명서입니다.

[redacted]　[redacted]

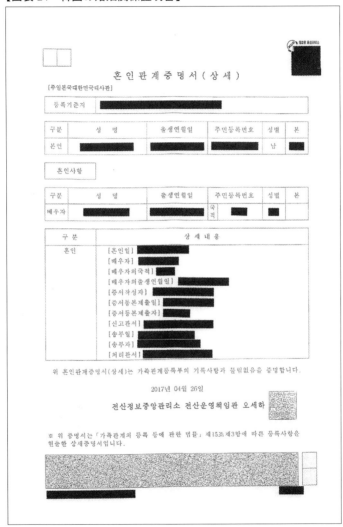

【図表 25　韓国の家族関係証明書】

가 족 관 계 증 명 서 (상 세)

[주일본국대한민국대사관]

등록기준지	[redacted]

구분	성　명	출생연월일	주민등록번호	성별	본
본인	[redacted]	[redacted]	[redacted]	남	[redacted]

가족사항

구분	성　명	출생연월일	주민등록번호	성별	본
부	[redacted]	[redacted]	[redacted]	남	[redacted]
모	[redacted]	[redacted]	[redacted]	여	[redacted]
배우자	[redacted]	[redacted]	국적 [redacted]	여	

위 가족관계증명서(상세)는 가족관계등록부의 기록사항과 틀림없음을 증명합니다.

2017년 04월 26일

전산정보중앙관리소 전산운영책임관 오세하

※ 위 증명서는「가족관계의 등록 등에 관한 법률」제15조제3항에 따른 등록사항을 현출한 상세증명서입니다.

발급시각 : 14시 45분

[redacted]

[redacted]

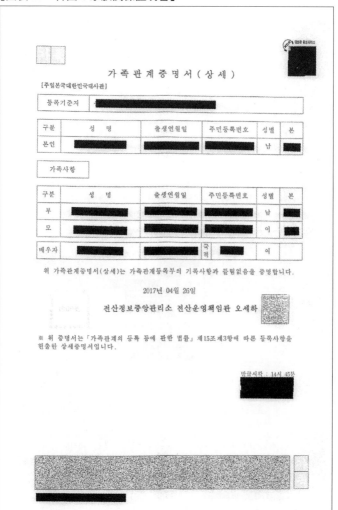

【台湾の場合】

台湾は、日本と同じで戸籍制度をとっています。つまり、戸籍や除籍といったものが取得できるのですが、日本と全く同じかというと、そうでもありません。日本では住所地を証明するものとしては住民票があり、身分関係を証明する場合には、戸籍謄本や除籍謄本を取得して証明していきます。

しかし、台湾の場合は、日本でいう住民票と戸籍が一緒になっているものを「戸籍謄本」や「除籍謄本」といいます。さらに、日本でいう戸籍抄本（一部のみ記載されているもの）も台湾では「戸籍謄本」と呼ばれます。ですので、単純に戸籍謄本を取得すると、一部のみしか記載されていないものになる可能性があります。一部のみですと、立証したい内容が記載されていないことがありますので、取得する際には「戸籍全部謄本」といって、全部の内容が記載されるように取得することをおすすめします。

・**戸籍謄本**（図表26参照）

戸籍住所・呼称・名前・生年月日・出生地・父親の名前・母親の名前・配偶者の名前が記載されています。

・**結婚証明書**（図表27参照）**または結婚が記載されている戸籍謄本**

結婚した当事者の名前・性別・生年月日・国民身分証番号・国籍・戸籍住所について記載されています。

【図表 26　台湾の戸籍謄本】

編號：[redacted]　　列印日期/時間：105/06/27　13:42:49

戶籍謄本(現戶全戶)

戶號：[redacted]　　戶別：單獨生活戶

戶籍地址：[redacted]

戶長變更及全戶動態記事：[redacted]

稱　　謂：戶長	出生日期：[redacted]
姓　　名：[redacted]	國民身分證統一編號：[redacted]
父　　：[redacted]	母　　：[redacted]
配　偶：[redacted]	
出 生 地：臺灣省臺中市	出 生 別：長女

記　事：[redacted]

本資料之蒐集、處理及利用，應遵循個人資料保護法之規範。
使用自然人憑證得至內政部戶政司全球資訊網免費申請電子戶籍謄本。(以下空白)

頁次：[redacted]　　核發機關：[redacted]事務所

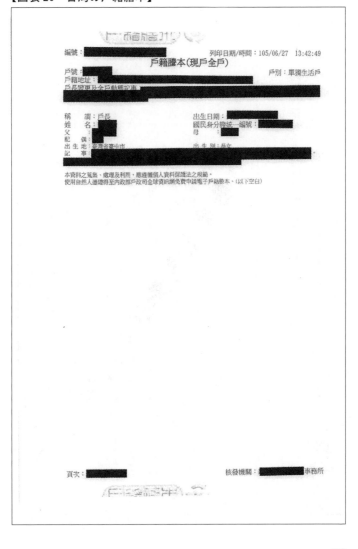

【図表 27　台湾の結婚証明書】

結婚證明書

中華民國[redacted]日
戶結證字第[redacted]號

茲證明[redacted]與[redacted]於中華民國[redacted]日
在中華民國結婚生效，中華民國[redacted]日於
[redacted]戶政事務所　辦理結婚登記。

姓　名：[redacted]
性　別：男
出生日期：[redacted]日
國民身分證統一編號：[redacted]
國　籍：中華民國
戶籍地址：[redacted]

姓　名：[redacted]
性　別：女
出生日期：[redacted]日
國民身分證統一編號：[redacted]
國　籍：中華民國
戶籍地址：[redacted]

發證機關：[redacted]

本證明由臺北市中正區戶政事務所
主任鄭朝元簽發
This certificate is issued by
Director [redacted]
Zhongzheng District Household Registration Office,
Taipei City, Taiwan, R.O.C.

註：本證明書僅證明當事人本次婚姻之結婚生效日期及結婚登記日期。

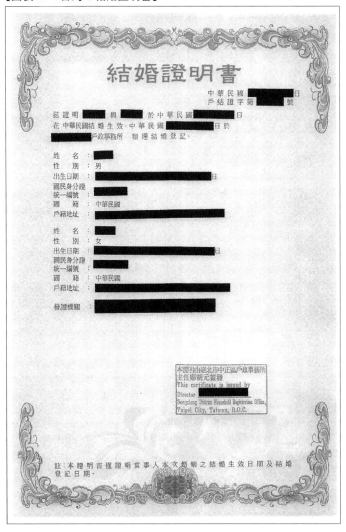

取得できる場所は、台湾になります。

【本国で大学を卒業している場合】

・大学の卒業証明書又は卒業証書のコピー

日本語翻訳が必要になります。

6 コピーして用意する書類

コピーして用意する書類としては、次のものがあります。

なお、保険者番号および被保険者等記号・番号は、黒塗りにするなどして、復元できない状態する必要があります。

・健康保険証

ご自身が持っている健康保険証をコピーしてください。

・国民健康保険税の領収証書

会社員で社会保険に加入している方は不要です。

失くしてしまっている方は、年金事務所で、被保険者記録照会（納付Ⅰと納付Ⅱ）を取得することで代用が可能です。

・健康保険、厚生年金保険料領収証書

申請する方が社会保険適用事業所の事業主である場合に必要な書類となります。

・預金通帳

国民健康保険税や国民年金、社会保険料等を口座振替で支払いをしている方は、記帳されている該当ページをコピーしてください。

・住民税の領収証書

住民税を普通徴収で支払っている方は必要となります。通常は、会社が給与から天引きして支払いをしている方が多いですが、フリーランスや会社経営者等ご自身で支払っている方は必要になります。

7　身元保証人に用意してもらう書類

【会社員・会社経営者共通】

・身元保証書

押印が廃止されたことに伴い、基本的には身元保証人の方がすべて自筆で作成するのが望ましいです。もちろんパソコン等で作成しても大丈夫ですが、氏名と日付は必ず自筆で書く必要があります。

・身元保証人の身分事項を明らかにする書類

これは、身元保証人になってもらった人の「運転免許証の写し」や「マイナンバーカードの写し」、「永住者としての在留カードの写し」などのことになります。

名前や生年月日、現住所の記載があって、顔写真があるものが望ましいです。健康保険証の写しにする場合は、プラスして、省略なし（住民コードと個人番号は除く）の住民票も付けるとよいでしょう。

8 申請時に必ず持参する書類

・収集した書類一式
・作成した書類一式
・在留カードの原本
・パスポートの原本

在留カードの原本は、携帯義務がありますので忘れる人は少ないのですが、パスポートは、普段携帯していないものでもありますので、忘れる人が多いようですから注意が必要です。

そして、申請する場所もきちんと把握しておくことも必要です。出入国在留管理局には管轄というのがあり、永住を申請する人の住居地を管轄する出入国在留管理局または出張所にしか申請ができません。つまり、申請先を自由に選べるわけではありませんので、家から行きやすい場所で申請をしたいとか、出張先で申請をしたいとかいうことはできません。

さらに、交通のアクセスが悪い場所にあることもありますので、出入国在留管理局までの行き方や時間などはあらかじめ調べておきましょう。図表28は、各出入国在留管理局と出張所の名前を地図上で表したものになりますので、参考にしてください。

9　申請後の注意事項について

収集した書類・作成した書類・在留カードやパスポート等を持参して出入国在留管理局に申請に行き、無事に申請が受付となった場合は、出入国在留管理局での審査が始まります。公表されている標準処理期間（審査期間）は4か月となっておりますが、実際には6か月前後かかることもあります。

審査の途中で、確認すべき事項や、足りない情報や書類があった場合、出入国在留管理局から追加書類提出要求がくることもあります。この追加書類提出要求には丁寧かつ適切に対応するようにしましょう。

よく、自分たちは何も隠すことはないと開き直り、きちんとした対応をしない方もいるようですが、許可・不許可を分けるものですので、丁寧に、かつ適切な対応を心がけましょう。

また、永住の審査期間中は、極力申請時と同じ状態を維持することで、永住審査への影響は生じにくくなるでしょう。申請時と違う状態になる場合には、永住審査が長引く傾向にあります。

【図表 28　全国の出入国在留管理局】

札幌入国管理局
函館港出張所
旭川出張所
釧路港出張所
稚内港出張所
千歳苫小牧出張所
仙台入国管理局
青森出張所
盛岡出張所
仙台空港出張所
秋田出張所
酒田港出張所
郡山出張所
東京入国管理局
水戸出張所
宇都宮出張所
高崎出張所
さいたま出張所
千葉出張所
立川出張所
新潟出張所
甲府出張所
長野出張所
新宿出張所
東部出張所
成田空港支局
羽田空港支局
横浜支局
川崎出張所
名古屋入国管理局
富山出張所
金沢出張所
福井出張所
岐阜出張所
静岡出張所
浜松出張所
豊橋港出張所
四日市港出張所
中部空港支局
大阪入国管理局
大津出張所
京都出張所
舞鶴港出張所
奈良出張所
和歌山出張所
関西空港支局
神戸支局
姫路港出張所
広島入国管理局
境港出張所
松江出張所
岡山出張所
福山出張所
広島空港出張所
下関出張所
周南出張所
高松入国管理局
小松島港出張所
松山出張所
高知出張所
福岡入国管理局
北九州出張所
博多港出張所
福岡空港出張所
佐賀出張所
長崎出張所
対馬出張所
熊本出張所
大分出張所
宮崎出張所
鹿児島出張所
那覇支局
那覇空港出張所
宮古島出張所
石垣港出張所
嘉手納出張所

出所：出入国在留管理庁ホームページより

第4章

入管申請書類作成ガイド・マニュアル

1　就労系在留資格から永住申請の必要書類

【共通書類】

・永住許可申請書
・証明写真（3か月以内のもので、無帽無背景のもの）
※16歳未満の方は、写真の提出は不要です。
・了解書
・在留カード
・パスポート
・申請理由書（※永住許可を必要とする理由を記載）
・年表（申請人の在留歴、学歴、職歴、身分関係変更歴を記載）
・住民票（世帯全員分で省略なし（住民コードと個人番号は除く）のもの）
・自宅の賃貸借契約書のコピー
不動産を所有している方は、不動産登記簿謄本。
・自宅写真（外観、玄関、キッチン、リビング、寝室）

・スナップ写真（家族や職場の人、身元保証人と写っているもの）３枚以上
・納税証明書その３【取得税目：源泉所得税及び復興特別所得税、申告所得税及び復興特別所得税、消費税及び地方消費税、相続税、贈与税】
・ねんきん定期便（全期間の年金記録情報が表示されているもの）または、ねんきんネットの「各月の年金記録」の印刷画面
・住民税の課税証明書（直近５年分）
・住民税の納税証明書（直近５年分）
・国民健康保険の納税証明書（直近２年分）※国民健康保険に加入している方
・国民健康保険の領収証書（直近２年分）のコピー　※国民健康保険に加入している方
・健康保険証のコピー（表と裏）
・住民税の領収証書のコピー　※普通徴収の方
・預金通帳のコピー又は残高証明書
・最終学歴の卒業証明書又は卒業証書のコピー
・なにか資格を持っている場合は合格証のコピー

★会社員の方（本人または扶養者）

・在職証明書

・源泉徴収票（直近5年分）
・給与明細書（直近3か月分）

★会社経営者の方（本人または扶養者）
・登記事項証明書
・定款のコピー
・営業許可書のコピー
・法人税の確定申告書（控え）のコピー（直近3期分）
・社会保険料納入証明書
・健康保険、厚生年金保険料の領収証書のコピー
・会社案内

★高度人材として申請する方（本人または扶養者）
・在職証明書または法人登記事項証明書
・源泉徴収票（直近1年分または3年分）
・申請月から未来1年分の年収見込額証明書

★身元保証人に関する書類（日本人または永住者の方に依頼）

・身元保証人の身分事項を明らかにする書類

例：運転免許証の写し、マイナンバーカードの写し等

★家族に在留資格「家族滞在」の方がいる場合

○中国人の場合

・結婚公証書

・**出生公証書**

本国書類は、すべて日本語翻訳が必要です。

○韓国人の場合

・婚姻関係証明書

・基本証明書

・家族関係証明書

本国書類は、すべて日本語翻訳が必要です。

○その他の国の方

次のいずれかの書類で、身分関係を証明できる書類。
・戸籍謄本
・婚姻届の受理証明書
・結婚証明書
・出生証明書
本国書類は、すべて日本語翻訳が必要です。

◆あれば有利な書類
・勤務先の代表者が作成した推薦状
・表彰状、感謝状など

2 身分系在留資格（定住者を除く）から永住申請の必要書類

【共通書類】
・永住許可申請書
・証明写真（3か月以内のもので、無帽無背景のもの）

※16歳未満の方は，写真の提出は不要です。
・了解書
・在留カード
・パスポート
・申請理由書（※永住許可を必要とする理由を記載）
・年表（申請人の在留歴、学歴、職歴、身分関係変更歴を記載）
・住民票（世帯全員分で省略なし（住民コードと個人番号は除く）のもの）
・自宅の賃貸借契約書のコピー
　不動産を所有している方は、不動産登記簿謄本。
・自宅写真（外観、玄関、キッチン、リビング、寝室）
・スナップ写真（家族や職場の人、身元保証人と写っているもの）３枚以上
・納税証明書その３【取得税目：源泉所得税及び復興特別所得税、申告所得税及び復興特別所得税、消費税及び地方消費税、相続税、贈与税】
・ねんきん定期便（全期間の年金記録情報が表示されているもの）または、ねんきんネットの「各月の年金記録」の印刷画面
・住民税の課税証明書（直近３年分）
・住民税の納税証明書（直近３年分）

・国民健康保険の納税証明書（直近2年分）※国民健康保険に加入している方
・国民健康保険の領収証書（直近2年分）のコピー　※国民健康保険に加入している方
・健康保険証のコピー（表と裏）
・住民税の領収証書のコピー　※普通徴収の方
・預金通帳のコピーまたは残高証明書
・最終学歴の卒業証明書または卒業証書のコピー
・何か資格を持っている場合は合格証のコピー

★身分関係を証明する書類

●日本人と結婚している場合

・日本人配偶者の戸籍謄本

●日本人の実子や特別養子縁組をしている場合

・日本人の親の戸籍謄本（除籍謄本や改製原戸籍も必要になることもあります）

●日本人以外と結婚または特別養子縁組をしている場合

○中国人の場合

・結婚公証書
・出生公証書
・特別養子縁組公証書
　本国書類は、すべて日本語翻訳が必要です。

○韓国人の場合

・婚姻関係証明書
・基本証明書
・家族関係証明書
　本国書類、すべて日本語翻訳が必要です。

○その他の国の方

　次のいずれかの書類で、身分関係を証明できる書類。
・戸籍謄本
・婚姻届の受理証明書
・結婚証明書
・出生証明書

・特別養子縁組証明書

本国書類は、すべて日本語翻訳が必要です。

★会社員の方（本人または扶養者）

・在職証明書
・源泉徴収票（直近3年分）
・給与明細書（直近3か月分）

★会社経営者の方（本人または扶養者）

・登記事項証明書
・定款のコピー
・営業許可書のコピー
・法人税の確定申告書（控え）のコピー（直近3期分）
・社会保険料納入証明書
・健康保険、厚生年金保険料の領収証書のコピー
・会社案内

★身元保証人に関する書類（日本人または永住者の方に依頼）

・身元保証書
・身元保証人の身分事項を明らかにする書類
例：運転免許証の写し、マイナンバーカードの写し等

3　定住者から永住申請の必要書類

【共通書類】

共通して求められるものとしては、次の書類があります。

・永住許可申請書
・証明写真（３か月以内のもので、無帽無背景のもの）
※16歳未満の方は，写真の提出は不要です。
・了解書
・在留カード
・パスポート
・申請理由書（※永住許可を必要とする理由を記載）
・年表（申請人の在留歴、学歴、職歴、身分関係変更歴を記載）

・住民票（世帯全員分で省略なし（住民コードと個人番号は除く）のもの）
・自宅の賃貸借契約書のコピー
不動産を所有している方は、不動産登記簿謄本。
・自宅写真（外観、玄関、キッチン、リビング、寝室）
・スナップ写真（家族や職場の人、身元保証人と写っているもの）3枚以上
・納税証明書その3
【取得税目：源泉所得税及び復興特別所得税、申告所得税及び復興特別所得税、消費税及び地方消費税、相続税、贈与税】
・ねんきん定期便
（全期間の年金記録情報が表示されているもの）または、ねんきんネットの「各 月の年金記録」の印刷画面
・住民税の課税証明書（直近5年分）
・住民税の納税証明書（直近5年分）
・国民健康保険の納税証明書（直近2年分）※国民健康保険に加入している方
・国民健康保険の領収証書（直近2年分）のコピー　※国民健康保険に加入している方
・健康保険証のコピー（表と裏）
・住民税の領収証書のコピー　※普通徴収の方

・預金通帳のコピーまたは残高証明書
・最終学歴の卒業証明書または卒業証書のコピー
・何か資格を持っている場合は合格証のコピー

★会社員の方（本人または扶養者）

・在職証明書
・源泉徴収票（直近5年分）
・給与明細書（直近3か月分）

★会社経営者の方（本人または扶養者）

・登記事項証明書
・定款のコピー
・営業許可書のコピー
・法人税の確定申告書（控え）のコピー（直近3期分）
・社会保険料納入証明書
・健康保険、厚生年金保険料の領収証書のコピー
・会社案内

★身元保証人に関する書類（日本人または永住者の方に依頼）
・身元保証書
・身元保証人の身分事項を明らかにする書類
例：運転免許証の写し、マイナンバーカードの写し等

★身分関係を証明する書類
・戸籍謄本
・結婚証明書
・出生証明書
本国書類は、すべて日本語翻訳が必要です。

4　永住許可申請書の書き方

■永住許可申請書1枚目（図表29－1）

証明写真
写真は、縦が4センチ、横が3センチの証明写真となります。

【図表 29－１　永住許可申請書・１枚目】

別記第三十四号様式（第二十二条，第二十五条関係）
その１　（永住）
Part 1　(Permanent Residence)

日本国政府法務省
Ministry of Justice,Government of Japan

永　住　許　可　申　請　書
APPLICATION FOR PERMANENT RESIDENCE

法　務　大　臣　殿
To the Minister of Justice

写 真
Photo
40mm × 30mm

出入国管理及び難民認定法第22条第1項（第22条の2第4項（第22条の3において準用する場合を含む。）において準用する場合を含む。）の規定に基づき，次のとおり永住許可を申請します。
Pursuant to the provisions of Paragraph 1 of Article 22 (including the cases where the same shall apply mutatis mutandis under Paragraph 4 of Article 22-2 and including the cases where the same shall apply mutatis mutandis under Article 22-3) of the Immigration Control and Refugee Recognition Act, I hereby apply for Permanent Resident.

1 国 籍・地 域 Nationality/Region ＿＿＿＿　2 生年月日 Date of birth ＿＿ 年 Year ＿＿ 月 Month ＿＿ 日 Day

3 氏 名 Name　Family name ＿＿＿＿ Given name ＿＿＿＿

4 性 別 Sex　男・女 Male/Female　5 出生地 Place of birth ＿＿＿＿　6 配偶者の有無 Marital status　有・無 Married / Single

7 職 業 Occupation ＿＿＿＿　8 本国における居住地 Home town / city ＿＿＿＿

9 住居地 Address in Japan ＿＿＿＿

電話番号 Telephone No. ＿＿＿＿　携帯電話番号 Cellular Phone No. ＿＿＿＿

10 旅券 (1)番 号 Passport Number ＿＿＿＿　(2)有効期限 Date of expiration ＿＿ 年 Year ＿＿ 月 Month ＿＿ 日 Day

11 現に有する在留資格 Status of residence ＿＿＿＿　在留期間 Period of stay ＿＿＿＿

在留期間の満了日 Date of expiration ＿＿ 年 Year ＿＿ 月 Month ＿＿ 日 Day

12 在留カード番号 Residence card number ＿＿＿＿

13 犯罪を理由とする処分を受けたことの有無（日本国外におけるものを含む。） Criminal record (in Japan / overseas)
有（具体的内容 Yes (Detail: ＿＿＿＿ ）・無) / No

14 永住許可を申請する理由 Reason for applying for Permanent Resident ＿＿＿＿

15 上記と異なる国籍・地域，氏名，生年月日による出入国の有無　有・無
Past entry into/departure from Japan with nationality/region, name and date of birth different from above-mentioned　Yes / No
（上記で『有』を選択した場合） (Fill in the followings when your answer is "Yes")
その時の国籍・地域 The then Nationality/Region ＿＿＿＿
氏 名 The then name ＿＿＿＿　生年月日 The then date of birth ＿＿ 年 Year ＿＿ 月 Month ＿＿ 日 Day
直近の入国年月日 The latest date of entry ＿＿ 年 Year ＿＿ 月 Month ＿＿ 日 Day
直近の出国年月日 The latest date of departure ＿＿ 年 Year ＿＿ 月 Month ＿＿ 日 Day

16 経 歴（今回の入国後の学歴・職歴，本欄で記入できない場合は別紙に記載）
Personal history (when the space provided is not sufficient for your answer, write on a separate piece of paper and attach it to the application.)

年 Year	月 Month	経 歴 Personal history	年 Year	月 Month	経 歴 Personal history
			今回入国後の滞在年数 Period of residence after new arrival		For ＿＿ 年 Year(s)
			婚姻年月日 Date of marriage		年 Year 月 Month 日 Day

（注）様式その2にも記入してください。Note: Please fill in Form Part 2.

基本的には、3か月以内に撮影したものです。以前の在留カードやパスポートと同じ写真では、入管窓口で撮り直しを指示され、別の写真を貼るように言われますのでご注意ください。

1　国籍・地域

この欄には、永住申請者の国籍を記入します。

例：中国、韓国、ベトナムなど

地域とあるのは、日本の立場から国とされていない台湾や香港などが該当します。基本的には国名を書いておけば間違いありません。

2　生年月日

生年月日は、必ず西暦を使ってください。

昭和や平成は使いません。

例：1985年3月5日など

3　氏名

氏名は、基本的にパスポートどおりに記入します。

中国人や韓国人のように漢字の名前がある場合は、漢字とアルファベットを必ず併記するようにします。

アルファベットしかない名前の場合はアルファベットだけで構いません。

中国人の記載例：王　柳　Wang Liu

４　性別
どちらかの性別に丸をつけます。

５　出生地
生まれた場所を記入します。
例：中国上海市　など

６　配偶者の有無
有か無に丸をつけます。

７　職業
永住申請者の現在の職業を記載します。

例：会社員・会社経営・主婦（主夫）など

8　本国における居住地

永住申請者の母国の住所を記入します。

9　住居地

日本の住所と固定電話番号・携帯電話番号を記入します。電話番号がない場合は、「なし」と書きます。

10　旅券

旅券とはパスポートのことです。パスポートを見ながら、⑴番号はパスポートのナンバーを書きます。⑵有効期限はパスポートの有効期限を書きます。有効期限は数字で記入してください。

11　現に有する在留資格

現在持っている在留資格の種類を書きます。

例：技術・人文知識・国際業務、日本人の配偶者等

在留期間を書きます。

例：3年、5年など
在留期間の満了日は、在留カードを見て書きます。

12　在留カード番号

現に持っている在留カードを見て在留カード番号を記入します。

13　犯罪を理由とする処分を受けたことの有無

犯罪で処分を受けたことがあるかどうかということです。処分を受けたことなので、具体的に罰金や懲役などが該当します。

わかりやすくいえば、自転車泥棒で捕まったことがあっても、罰金などの処分を受けていなければ「無」となります。

14　永住許可を申請する理由

永住許可を希望する理由を要約して記入します。
例：今後も永続的に日本で生活をしていきたいなど。
詳細は、別紙の理由書に詳しく記載します。

15　上記と異なる国籍・地域、氏名、生年月日による出入国の有無

偽造パスポートや二重国籍者等で、現在在留資格を有している国籍や氏名・生年月日以外で日本に出入国したことがある場合には有に○をつけて記入します。

そのときの国籍・地域や氏名・生年月日を記入し、直近の出入国年月日をパスポートを見ながら記入します。

16　経歴

日本に入国してからの学歴、職歴を記入します。

書ききれない場合は、「別紙のとおり」と記入し、学歴・職歴がわかる履歴書を別途作成します。

■永住許可申請書２枚目（図表29－2）

17　主たる生計維持者

主たる生計維持者の情報を記入します。

(1)　申請人との関係

申請人との関係は、永住申請人から見た関係性にチェックをつけます。

当てはまるものがない場合は、その他にチェックをつけて、（　）に関係性を記入します。

例：養父、養母等

【図表 29－2　永住許可申請書・２枚目】

その2　(永住)　Part 2　(Permanent Residence)　日本国政府法務省　Ministry of Justice,Government of Japan

17 主たる生計維持者　Main householder

(1)申請人との関係　Relationship with the applicant　□ 本人 Self　□ 夫 Husband　□ 妻 Wife　□ 父 Father　□ 母 Mother　□ 子 Child　□ その他（　　） Others

(2)勤務先　Place of employment

名称 Name ＿＿＿＿　支店・事業所名 Name of Branch ＿＿＿＿

所在地 Address ＿＿＿＿　電話番号 Telephone No. ＿＿＿＿

(3)年 収 Annual income ＿＿＿＿ 円 Yen

18 在日親族(父・母・配偶者・子・兄弟姉妹など)及び同居者
Family in Japan (Father, Mother, Spouse, Son, Daughter, Brother, Sister or others) or co-residents

続 柄 Relationship	氏 名 Name	生年月日 Date of birth	国 籍・地 域 Nationality / Region	同 居 Residing with applicant or not	勤務先・通学先 Place of employment /school	在 留 カ ー ド 番 号 特別永住者証明書番号 Residence card number Special Permanent Resident Certificate number
				はい・いいえ Yes / No		
				はい・いいえ Yes / No		
				はい・いいえ Yes / No		
				はい・いいえ Yes / No		
				はい・いいえ Yes / No		

19 在日身元保証人　Guarantor in Japan

(1)氏 名 Name ＿＿＿＿　(2)国 籍・地 域 Nationality/Region ＿＿＿＿

(3)住 所 Address ＿＿＿＿

電話番号 Telephone No. ＿＿＿＿　携帯電話番号 Cellular Phone No. ＿＿＿＿

(4)職 業 Occupation ＿＿＿＿

(5)申請人との関係　Relationship with the applicant
□ 夫 Husband　□ 妻 Wife　□ 父 Father　□ 母 Mother　□ 子 Child
□ 祖父 Grandfather　□ 祖母 Grandmother　□ 孫 Grandchild　□ 養父 Foster father　□ 養母 Foster mother
□ 養子 Adopted child　□ 配偶者の子 Child of spouse　□ 雇用主 Employer　□ 身元引受人 Guarantor　□ その他（　　） Others

20 代理人(法定代理人による申請の場合に記入) Legal representative (in case of legal representative)

(1)氏 名 Name ＿＿＿＿　(2)本人との関係 Relationship with the applicant ＿＿＿＿

(3)住 所 Address ＿＿＿＿

電話番号 Telephone No. ＿＿＿＿　携帯電話番号 Cellular Phone No. ＿＿＿＿

以上の記載内容は事実と相違ありません。 I hereby declare that the statement given above is true and correct.
申請人(法定代理人)の署名／申請書作成年月日 Signature of the applicant (legal representative) / Date of filling in this form

年 Year　月 Month　日 Day

注 意 Attention　**申請書作成後申請までに記載内容に変更が生じた場合，申請人(法定代理人)が変更箇所を訂正し，署名すること。**
In cases where descriptions have changed after filling in this application form up until submission of this application, the applicant (legal representative) must correct the part concerned and sign their name.

※ 取次者　Agent or other authorized person

(1)氏 名 Name ＿＿＿＿　(2)住 所 Address ＿＿＿＿

(3)所属機関等(親族等については，本人との関係) Organization to which the agent belongs (in case of a relative, relationship with the applicant) ＿＿＿＿　電話番号 Telephone No. ＿＿＿＿

(2) 勤務先
勤務先の名称、支店・事業署名、所在地、電話番号などの情報を記入していきます。

(3) 年収
年収を記入します。年収は、課税証明書を見ながら記入していきます。

18 在日親族（父・母・配偶者・子・兄弟姉妹など）および同居者

この欄には、永住申請者の親族が日本にいる場合のみ記入します。

その場合、在留カード番号や勤務先の社名や通学先の学校名なども具体的に記入しなければなりません。

19 在日身元保証人

在日身元保証人の情報を記入していくことになります。
(1)氏名や(2)国籍・地域、日本の(3)住所・(固定)電話番号・携帯電話番号を記入します。固定電話番号がない場合は「なし」と記入します。
(4)職業を記入します。
例：会社員、経営者等
(5)申請人との関係の欄は、永住申請人から見た身元保証人との関係にチェックをつけます。当てはまるものがない場合は、その他にチェックをつけて、（　）の中に関係性を記入します。
例：上司、友人等

20　**代理人（法定代理人による場合に記入）**
基本的には空欄となりますが、家族で申請する場合に、子供が16歳未満の場合については親が法定代理人となり、親の氏名・関係性（例：父または母等）・住所・固定電話番号・携帯電話番号を記入します。

最後に署名と年月日を記入します。

一番下の「※取次者」というのは、行政書士に依頼した場合に行政書士側で記入する署名欄になります。

5　身元保証書の書き方

身元保証書（図表30）の上段には、身元保証書を記入した年月日と、永住申請人の国籍と氏名を記入します。

下段の身元保証人の箇所については、次のように記入します。
・氏名：氏名を書きます。

【図表 30　身元保証書】

（永住許可申請用）

身　元　保　証　書

　　　　年　　月　　日

法　務　大　臣　殿

国籍・地域 ....

氏　　　名 ....

記

私は上記の者の永住許可申請に当たり、本人が本邦に在留中、本邦の法令を遵守し、公的義務を適正に履行するため、必要な支援を行うことを保証いたします。

身元保証人

氏名（自筆） ....

住　所 .... TEL ....

職業（勤務先） .... TEL ....

国籍・地域（在留資格、期間） ....

被保証人との関係 ....

・住所：住所を書き、電話番号を記入します。電話番号は携帯電話でも構いません。
・職業：勤務先の社名を記入し、勤務先の電話番号を記入します。
・国籍：国籍を記入します。在留資格は「永住者」と記入し、在留期間は「なし」と記入します。
　国籍が日本の場合は、在留資格も在留期間もありませんので、記入する必要はありません。
・被保証人との関係：身元保証人から見た永住申請人との関係を記入します。
　例：雇用主、友人、配偶者等
　身元保証書は、「法令遵守」、「公的義務の適正な履行」について必要な支援を行うことを保証するという書面です。

　この身元保証書の保証内容は、法令遵守・公的義務の適正な履行の2つであり、よく「保証人にはなるな」と言われる連帯保証人の内容とは違います。

　永住の要件の箇所で詳しく説明してありますが、ここでいったんおさらいをしてみます。

　身元保証人は、基本的に経済的な賠償は含まれておりません。入管法上の身元保証人とは、道義的責任であり、法律的には責任は負いません。

　したがって、仮に問題が起こったとしても、国から取り立てられるというわけではありません。あくまで道義的な責任であり、法律的な責任ではないのです。

　ただし、仮に外国人本人に問題が起こったとして、身元保証人としての道義的責任が果たせなかったような場合は、それ以降の他の外国人の永住申請のために身元保証人になることは、適格性を欠くことにはなります。

また、永住許可申請をする場合は、必ず「身元保証人」を用意しなければなりません。永住申請において身元保証人になれる人は、日本人か、外国人の場合は「永住者」の方で、安定した収入があり、納税をきちんとしている方でなければいけません。勤務先の社長や上司、親しい友人や学生時代の先生にお願いする人が多いようです。

もしも、なかなか身元保証人を引き受けてくれる人がいない場合は、そもそも意味を誤解している場合があります。その場合は、身元保証人の責任についてしっかり理解してもらうようにすることが大切です。

問合せ先

申請書類を作成する上で不明な点がある場合、管轄の出入国在留管理局および出張所や外国人在留総合インフォメーションセンターに問い合わせることができます。

次に主要な出入国在留管理局と外国人在留総合インフォメーションセンターの窓口営業時間、所在地や電話番号等を記載しておきますのでご参照ください。

電話が繋がりやすいのは外国人在留総合インフォメーションですが、外部委託業者の運営のため、回答が不適切な場合もあるようです。繋がりにくくても出入国在留管理局か窓口で相談しましょう。

◆札幌出入国在留管理局
窓口営業時間：９時～12時、13時～16時（土・日曜日、休日を除く）
所在地：北海道札幌市中央区大通西12丁目　札幌第３合同庁舎
電話番号：０１１－２６１－９６５８

◆仙台出入国在留管理局
窓口営業時間：９時～16時（土・日曜日、休日を除く）
所在地：宮城県仙台市宮城野区五輪１－３－20　仙台第二法務合同庁舎
電話番号：０２２－２５６－６０７３

◆東京出入国在留管理局
窓口営業時間：９時～16時（土・日曜日、休日を除く）
所在地：東京都港区港南５－５－30
電話番号：０５７０－０３４２５９
所属部署番号（永住審査部門）：６１０

◆横浜支局
窓口営業時間：９時～16時（土・日曜日、休日を除く）
所在地：神奈川県横浜市金沢区鳥浜町10－７
電話番号：０５７０－０４５２５９
所属部署番号（就労・永住審査部門）：20

◆名古屋出入国在留管理局
窓口営業時間：９時～16時（土・日曜日、休日を除く）
所在地：愛知県名古屋市港区正保町５－18
電話番号：０５２－５５９－２１２０

◆大阪出入国在留管理局
窓口営業時間：９時～16時（土・日曜日、休日を除く）
所在地：大阪府大阪市住之江区南港北１丁目29番53号
電話番号：０５７０－０６４２５９－２２０（永住審査部門）

◆神戸支局
窓口営業時間：９時～16時（土・日曜日、休日を除く）
所在地：兵庫県神戸市中央区海岸通り29　神戸地方合同庁舎
電話番号：０７８－３９１－６３７８

◆広島出入国在留管理局
窓口営業時間：９時～16時（土・日曜日、休日を除く）
所在地：広島県広島市中区上八丁堀２－31　広島法務総合庁舎内
電話番号：０８２－２２１－４４１２

◆高松出入国在留管理局
窓口営業時間：９時～12時、13時～16時（土・日曜日、休日を除く）
所在地：香川県高松市丸の内１－１　高松法務合同庁舎
電話番号：０８７－８２２－５８５１

◆福岡出入国在留管理局
窓口営業時間：９時～12時、13～16時（土・日曜日、休日を除く）
所在地：福岡県福岡市中央区舞鶴３－５－25　福岡第１法務総合庁舎
電話番号：０９２－７１７－７５９６

◆那覇支局
窓口営業時間：９時～16時（土・日曜日、休日を除く）
所在地：沖縄県那覇市樋川１－15－15　那覇第１地方合同庁舎
電話番号：０９８－８３２－４１８６

◆外国人在留総合インフォメーションセンター
営業時間：平日　午前８：30～午後５：15
電話番号：０５７０－０１３９４（IP、PHS、海外：０３－５７９６－７１１２）
対応言語：日本語、英語、中国語、韓国語、スペイン語、ポルトガル語、ベトナム語、フィリピン語、ネパール語、インドネシア語、タイ語、クメール（カンボジア）語、ミャンマー語、モンゴル語、フランス語、シンハラ語、ウルドゥ語

第5章

永住申請の実例でコツをつかもう！

1　技術・人文知識・国際業務からの永住申請の実例

◆依頼者の略歴

千葉県在住で中国籍のAさん（40歳）は、日本の企業に就職が決まり、技術・人文知識・国際業務の在留資格で来日。３社ほど転職をしていましたが、転職の度に給与は上がり、２０１５年から現在の会社に入社。その際の給与は１，０００万円を超えていました。

【図表31　必要書類一覧】

◆作成書類
□永住許可申請書
□理由書
□履歴書
□身元保証書
◆写真関係
□証明写真（4 cmX 3 cm）1枚
□自宅の写真（外観、玄関、キッチン、リビング、寝室）各１枚ずつ
□スナップ写真３枚（家族や友人、身元保証人と写っているもの）
◆本国の書類
□出生公証書
◆役所で用意した書類
□住民票
□課税証明書　※直近３年分
□納税証明書　※直近３年分
□国民健康保険の納入明書　※直近３年分
◆コピーした書類
□預金通帳のコピー
□不動産の賃貸借契約書のコピー
□最終学歴の卒業証書のコピー
□健康保険証（表と裏）のコピー
□年金定期便のコピー
◆会社で用意した書類
□在職証明書
□直近３か月分の給与明細のコピー　各１通
□直近３年分の源泉徴収票　各１通
◆身元保証人が用意した書類
□在職証明書
□課税証明書　※直近１年分
□納税証明書　※直近１年分
□住民票

【図表 32-1　理由書・１枚目】

法務大臣　殿

理　由　書

私は中国籍の●●●と申します。今回、「永住者」の在留資格を申請しておりますが、これまでの経緯と申請理由について説明させていただきます。

来日してから現在までの経緯について

詳細は別紙の履歴書に記載しておりますが、私は中国●●●市で生まれ、本国の中学・高校を卒業し、２０●●年に●●●大学に入学するため渡日させていただきました。●●●するため大学を休学しましたが、２０●●年●月に大学を卒業し、学士の学位を取得いたしました。その後いったん中国に帰国しましたが、縁あって日本の●●●株式会社への入社が決まり、２０●●年●月に再度渡日させていただきました。現在は●●●合同会社に転職し、現在まで勤務しております。

仕事状況について

私は現在、●●●合同会社にコンサルティングマネージャーとして勤務しております。同社には２０１５年●月よりお世話になっており、仕事もとても充実していて、会社の同僚や上司との人間関係も問題なく、毎日楽しくやりがいも感じております。今後も同社を発展させていけるよう、よりいっそう努力していく所存でございます。

また将来、私の今まで積んだ社会キャリアを活かせる機会が今後も出てくることがあれば、微力ですが、日本企業、ひいては少しでも日本経済に貢献できればと考えております。

申請理由について

私は縁あって２０●●年に日本で就職し、渡日させていただいてから約１０年と３ヶ月になりました。現在の年収は１０００万円を超えており、日本で充実

【図表 32-2　理由書・２枚目】

した毎日を過ごしております。

今回身元保証人になって下さった●●●さんは私の同僚になります。●●●さんには、いつもとても親切で優しくしていただき、現在は席も近くでよく一緒に食事や飲みに行ったりしながら仲良くさせていただいております。私が現在も充実した仕事ができるのは、●●●さんのおかげといっても過言ではございません。

私は、今後も、日本で暮らしていきたいと強く願っております。この約１０年の中で自分がいろいろな困難にあった時、日本人の方がとても優しく、熱心に手伝ってくれたり、親切に教えてくださいました。今後は永住者として日本に住み続け、今度は同様に私が他の人々に親切にしながら、日本の人々や日本の社会に恩返しをしていきたいと思っておりますし、日本社会に順応し、貢献しながら充実した生活を送ることで、日本のグローバル化の一助となればと思っております。

今年、日本で生活し始めてから約１０年になりますが、現在の年収は約１１００万円であり、現在の会社に転職してから大幅に給与が上がりました。そして会社で社会保険に加入させていただいており、健康保険・厚生年金等も給与から差し引かれておりますので、今後も納税義務を怠ることにはなりません。現在の給与の額などから今後、日本で生活していく上で経済的な不安もございません。

現在、私の生活の基盤は日本にあり、今後も日本国の住民として法律を守り、勤勉に働き、誠実に暮らしていく所存でございます。私の親や弟も、私が今後も日本で暮らすことに賛成してくれております。

上記のような理由で、「永住者」の在留資格を申請させていただきました。許可いただけますよう、何卒、よろしくお願いします。

●●年●●月●●日
●●●

多忙なＡさんは、書類の準備・作成する時間が取れそうになく、専門家に任せてしまいたいとのご依頼で来所されました。即、ヒアリングをさせていただき、素行要件・独立生計要件・国益適合要件ともにクリアしていると判断でき、間もなく一発許可となった案件です。

２　経営・管理からの永住申請の実例

◆依頼者の略歴

東京で飲食店の経営をしている韓国籍のＡさんは３人家族（ご夫婦と子供１人）。

【図表 33　必要書類一覧】

◆作成書類
□永住許可申請書 ×3
□理由書 ×2
□履歴書 ×2
□身元保証書 ×3
◆写真関係
□証明写真 (4 cmX 3 cm) 1 枚
□自宅の写真（外観、玄関、キッチン、リビング、寝室）各1枚ずつ
□スナップ写真3枚（家族や友人、身元保証人と写っているもの）
◆本国の書類
□基本証明書
□婚姻関係証明書
□家族関係証明書
◆子供の学校で用意した書類
□在学証明書
◆コピーした書類
□預金通帳のコピー（全頁）　※ご家族の分
□健康保険証（表と裏）のコピー　※ご家族の分
□年金定期便（表と裏）のコピー　※開いた状態で
□ご自宅の賃貸借契約書のコピー
◆奥様の会社で用意した書類
□在職証明書
□直近3か月分の給与明細のコピー
◆経営している会社で用意した書類
□法人登記簿謄本（履歴事項全部証明書）
□直近事業年度の法人税確定申告書のコピー（全部の頁）3期分
□更新した営業許可証のコピー
□社会保険料の納入確認申請書
◆役所で取得した書類
□住民票
□課税（非課税）証明書　※直近3年分
□納税証明書　※直近3年分
□国民健康保険料の納入証明書　※直近3年分
◆身元保証人が用意した書類
□在職証明書
□課税証明書　※直近1年分
□納税証明書　※直近1年分
□住民票

【図表 34-1　理由書・１枚目】

法務大臣　殿

理　由　書

私は、韓国籍の●●●と申します。今回、「永住者」の在留資格を申請しておりますが、これまでの経緯と申請理由について説明させていただきます。

来日してから現在までの経緯について

詳細別紙の履歴書に記載しておりますが、私は韓国の高校を卒業後、●●●年●月に日本語学校に入学するために来日させていただきました。日本語学校を卒業は、専門学校●●●の●●●課程に進学し、●●●課程の専門士を取得致しました。さらに、●●●大学の商学部にも入学し、商学の学士の学位も取得致しました。現在は、今まで学んできたビジネスコミュニケーション・商学の知識を活かせる会社（●●●株式会社）を設立し、経営を開始させていただきました。事業内容としては、焼肉店である●●●の運営になります。多くのお客様に支えられ、おかけ様で、今年で●年目を迎えることができました。今後も、末永く愛されるような店舗にしていきたいと考えております。

また、縁あって●●●年●●月●●日には韓国籍の●●●と結婚し、●●●年●●月●●日には。長女である●●●が誕生いたしました。現在も、家族三人で支え合い、助け合いながら幸せな日々を過ごしております。

申請理由について

私は韓国にいた時から日本に興味がありました。そして、日本で日本語やビジネスについて学びたいと思い、●●●年に来日致しました。その後、日本でビジネスを行うために必要である言語やコミュニケーション、商学について学ばせていただき、大学を卒業してから本格的に同社を経営してきました。これからも永続的に日本で会社を経営したいと考えておりまして、●●●年●●月●●日に永住権の申請をさせていただきましたが、国民健康保険の支払いが遅れてしまっていたことにより不許可になりました。納税は国民の義務だと重々承知しております。しかし、会社の経営という日々の業務により忙殺されてしまい、さらには大地震があったことに伴い経営方針・マーケティング面の見直し等により、結果的に納税義務がおろそかになってしまいました。国民健康保険の滞納によって区役所ならびに入国審査官の皆様にはたいへんご迷惑をおかけし、深く

【図表34-２　理由書・２枚目】

反省しております。社会人としての自覚と責任に欠けた行為であり、重ねてお詫び申しあげます。

そして、前回申請させていただいた際に身元保証人になっていただきました●●●さんにもご迷惑をおかけ致しました。同じ経営者として再度ご依頼することが大変心苦しくなり、今回は日本国に永住者の在留資格で滞在している、子供のころからの親友である●●●さんに身元保証人を引き受けてもらいました。●●●さんとは同じ●●●出身で、小さいころからよく一緒に遊んだりしておりました。●●●さんには、私たち家族が永住権を取得したことを驚かせたく、前回は身元保証人の依頼をしませんでした。しかし、前回申請が私の管理不足により不許可になったことに伴い、今回事情を説明させていただいたところ、身元保証人を快く引き受けてくれました。

私は来日してから現在まで約●●年になります。現在、私の月収は２８万円ございますし、妻も働いており、妻の月収は約２７万円で、世帯での月収は約５５万ございます。会社として社会保険にも加入させていただいており、健康保険・厚生年金等もきちんと納税させていただいております。妻については、雇用会社より社会保険に加入させていただいており、給料からの天引きにて支払っておりますので、今後も納税義務を怠ることにはありません。また、預金も私の口座に約２００万円（●●●銀行）、定期積立として約１２０万円（●●●信用金庫）、同じく定期積立として約５０万円（●●●信用組合）、妻の口座に約１４７万円（●●●信用金庫）あり、合計で約５１７万円に昇ります。現在の給与の額や預貯金の額などから今後、日本で生活していく上での経済的な不安もございません。現在の給与の額や預貯金などから今後、日本で生活していく上で経済的な不安もございません。

現在、私の生活の基盤は日本にあり、今後も日本国の住民として法律を守り、勤勉に働き、誠実に暮らしていく所存でございます。上記のような理由で、「永住者」の在留資格を申請させていただきました。許可いただけますよう、何卒、宜しくお願い申し上げます。

【図表 35　理由書】

法務大臣　殿

理　由　書

私は韓国●●●の出身の韓国人●●●と申します。２０●●年●●月●●日に駐日韓国大使館領事部で現在の夫であり、この度同時に永住者許可申請をしている韓国人の●●●と結婚しました。２０●●年●月●●日には長女の●●●を誕生し、家族三人になり、仲睦まじく幸せにくらしております。

現在私は子育てがひと段落した２０●●年●月より、株式会社●●●にて勤務しております。夫とは以前から、ずっと日本で暮らしたいとよく話しておりました。特に娘が小学生になってからその気持ちがより一層強くなりました。子供を育てるためには環境がとても大事であります。日本の思いやりの心や相手のことを考えて行動するという日本の文化と環境が素晴らしく、この素晴らしい環境の中で子供を育てていきたいと強く思い、日本で安定して暮らしていきたく、２０●●年●月●●日に永住権の申請をさせていただきましたが、国民健康保険の支払いが遅れてしまったことにより不許可になりました。納期限を守れなかったことにつきまして、私自身とても反省しております。口座自動引き落とし制度を利用させていただいており、すっかり安心してしまっておりました。現在は、勤務している会社で社会保険に加入させていただいており、給料から天引きされておりますので、今後も納税義務を怠る心配はございません。

現在、夫の月額の役員報酬は２８万円ございますし、私も働いており、月収は約２７万円で、世帯での月収は約５５万円ございます。預金も夫の口座に約２００万円（●●●銀行）、定期積立として約１２０万円（●●●信用金庫）、同じく定期積立として約５０万円（●●●信用組合）、私の口座に約１４７万円（●●●信用金庫）あり、合計で約５１７万円に昇ります。現在の給与の額や預貯金の額などから今後、日本で生活していく上での経済的な不安もございません。

現在、私たち家族の生活の基盤は日本にあり、今後も日本国の住民として法律を守り、勤勉に働き、誠実に暮らしていく所存でございます。

上記のような理由で、夫と娘と一緒に「永住者」の在留資格を申請させていただきました。許可をいただけますよう、何卒よろしくお願い申し上げます。

Aさんは、経営者であり、現在の在留資格は「経営・管理、３年」で、配偶者は会社員として勤務しているBさん（現在、技術・人文知識・国際業務、３年の在留資格で滞在）と小学生である子供さんCさん（現在、家族滞在の在留資格、３年の在留資格で滞在）という家族構成。

１度ご自身で永住申請をしましたが、不許可。再申請は、専門家の方に依頼したいという要望で相談にご来所いただきました。

不許可の理由は、国民健康保険の支払い遅れにより、国益に適合しないとのことでした。支払い遅れという事実は変えることはできませんので、遅れてしまった原因・反省・今後の対策を具体的に説明して再申請をさせていただいたところ、ご家族で永住権が許可された案件です。

3　日本人の配偶者等からの永住申請の実例

◆依頼者の略歴

神奈川県在住のアメリカ国籍のAさん（女性、30歳）。日本人男性Bさんと結婚して万３年間が経過し、永住権の申請を考えるようになり相談に来所。

ご夫婦ともに会社員として勤務していましたが、アメリカ籍のAさんは会社で社会保険には加入していませんでした。国益適合要件で引っかかるかと思われましたが、各種税金は口座自動引落とし制度を利用しており、滞納はもちろん支払い遅れもなく、無事に永住権が許可となった案件です。

【図表36　必要書類一覧】

◆作成書類
□永住許可申請書
□理由書
□履歴書
□身元保証書
◆写真関係
□証明写真（4cmX3cm）1枚
□自宅の写真（外観、玄関、キッチン、リビング、寝室）各1枚ずつ
□スナップ写真3枚（家族や友人、身元保証人と写っているもの）
◆本国の書類
□出生証明書
□結婚証明書
◆コピーした書類
□申請人の預金通帳のコピー（全頁）
□申請人の健康保険証（表と裏）のコピー
□申請人の年金定期便のコピー
□ご自宅の賃貸借契約書のコピー
◆申請人の会社で用意した書類
□在職証明書
□直近3か月分の給与明細のコピー
◆役所で用意した書類
□住民票
□課税（非課税）証明書　※直近1年分
□納税証明書　※直近1年分
□国民健康保険の納入明書　※直近3年分
◆日本人配偶者の方に用意していただく書類
□在職証明書
□課税証明書　※直近1年分
□納税証明書　※直近1年分
□住民票
□戸籍謄本
□健康保険証（表と裏）のコピー

【図表 37-1　理由書・１枚目】

法務大臣　殿

理　由　書

私は米国籍の●●●と申します。今回、「永住者」の在留資格を申請しておりますが、これまでの経緯と申請理由について説明させていただきます。

来日してから現在までの経緯について

詳細につきましては履歴書に記載しておりますが、私は米国にある●●● university を卒業した後、●●●年●●月に来日させていただきました。その後、縁あって現在の夫である●●●と知り合い、交際を得まして、●●●年●●月●●日に婚姻をし、しばらくは人文知識・国際業務の在留資格のままで生活をしておりましたが、今後も日本で生活していく上で日本人の配偶者等の在留資格の方が便利であり、夫にも変更した方がいいと勧められておりましたので、●●●年●●月●●日に日本人の配偶者等の在留資格の変更許可を賜りました。現在は神奈川県●●●にて、夫婦で支え合い、助け合いながら、幸せな日々を過ごしております。

仕事の状況について

私は来日以来、株式会社●●●で英会話講師として働いております。給与は毎月約２８万円いただいております。

私は入社してから●●年以上が経過しており、上司や同僚にも実力を認められ、ますます仕事が楽しくやりがいを感じております。また、仕事を通じて多くの友人・知人を得ることができ、人生の伴侶でもある夫、●●●とも出会い、充実した毎日を過ごしています

また将来、私の語学力そして今まで積んだ社会キャリアを活かせる機会が今後も出てくることがあれば、微力ですが、日本企業、ひいては少しでも日本経済に貢献できればと考えております。

【図表 37-2　理由書・２枚目】

申請理由について

私は来日してから今年で●●年が経ちますが、とてもやりがいのある仕事に就くことができ、また、縁あって日本人の●●●と結婚できまして、今はとても幸せであります。夫婦仲も良く、日本時馴染んで生活をしており、これからも夫と共に大好きな日本で生活をしていきたいと強く思っております。

現在の夫である●●●と私の婚姻生活は約３年間に及んでおります。身元保証人である夫●●●の平成●●●年度の年収は約５６０万円、そして私の平成●●●年度の年収は約３５０万円あり、世帯での年収は約９００万円でございます。同居する私たち夫婦二人が、今後日本で生活していく上での経済的不安はございませんし、住民税・国民健康保険税・国民年金等の税金の滞納はございません。国民健康保険税・国民年金につきましては口座自動引き落とし制度を利用し、支払いを失念することを防いでおります。

このように、現在、私の生活の基盤は日本にあり、今後も日本国の住民として法律を守り、勤勉に働き、誠実に暮らしていく所存でございます。

上記のような理由で、「永住者」の在留資格を申請させていただきました。ご許可いただけますよう、何卒、よろしくお願い申し上げます。

●●●年●●月●●日
●●●

4　永住者の配偶者等からの永住申請の実例

◆依頼者の略歴

ベトナム国籍のAさんは、永住権をもっているBさんと結婚してましたが、Bさんがベトナムで仕事がある関係で、しばらくはベトナムに滞在。

【図表 38　必要書類一覧】

◆作成書類
□永住許可申請書
□理由書
□履歴書
□身元保証書
◆写真関係
□証明写真 (4 cmX 3 cm) 1 枚
□自宅の写真（外観、玄関、キッチン、リビング、寝室）各１枚ずつ
□スナップ写真３枚（家族や友人、身元保証人と写っているもの）
◆本国の書類
□出生証明書
□結婚証明書
◆コピーした書類
□申請人の預金通帳のコピー（全頁）
□申請人の国民健康保険証（表と裏）のコピー
□申請人の国民健康保険料の領収書コピー
□ご自宅の賃貸借契約書のコピー
◆申請人の会社で用意した書類
□在職証明書
□直近３か月分の給与明細のコピー
◆役所で用意した書類
□住民票
□課税（非課税）証明書　※直近１年分
□納税証明書　※直近１年分
◆外国人配偶者（永住者）の方に用意していただく書類
□法人登記簿謄本（履歴事項全部証明書）
□法人税の確定申告書のコピー　※直近１期分
□役員報酬を決定した株主総会議事録のコピー
□課税証明書　※直近１年分
□納税証明書　※直近１年分
□健康保険証（表と裏）のコピー

【図表 39-1　理由書・１枚目】

法務大臣　殿

申請理由書

私はベトナム籍の●●●と申します。今回、「永住者」の在留資格を申請しておりますが、これまでの経緯と申請理由について説明させていただきます。

私は２０●●年●●月●●日に永住者の在留資格を持っているベトナム人●●●と結婚しました。２０●●年●月、永住者の配偶者等の在留資格を賜りまして、来日しました。現在、夫と一緒に●●●●に住んでおり、夫婦で支え合い、助け合いながら、幸せな日々を過ごしております。

私は来日してから１年は、専業主婦でしたが、去年の●月●日に●●●株式会社に入社し、現在まで働いております。現在給与は毎月約１８万円いただいております。私は入社してから１年を超え、上司や同僚にも認められ、ますます仕事が楽しくやりがいを感じております。また、仕事を通じて多くの友人・知人を得ることができ、充実した毎日を過ごしています。

日本での生活をするなかで、日本の人々が外国人の私にとても親切で、日本人の謙虚さや思いやりあふれる行動にとても強く胸を打たれ、日本のことがますます大好きになりました。私もそんな日本の人々をお手本に思いやりを持って生活し、日本人はもちろん日本にきている外国の方々にも親切に接し、日本の良さそしておもてなしの心を外国の方々に知ってもらえるよう少しでも日本の社会のお力になれればと思っています。そして、これからも夫と共に大好きな日本で生活していきたいと強く思っております。

また、現在の夫である●●●と私の婚姻生活は約５年間に及んでおり、日本での生活は２年を経過しております。身元保証人である夫●●●は２０●●年●●月●●日に●●●●株式会社を設立し、代表取締役に就任しており、役員報酬は毎月３０万円です。夫は平成●●年度の年収は約３６０万円である。そして私の平成●●年度の年収は約２１６万円あり、世帯での年収は約５７６万円でございます。預貯金は約１９２万円がありまして、同居する私たち夫婦二人が、今後日本で生活していく上での経済的不安はございません。

このように、現在、私の生活の基盤は日本にあり、今後も日本国の住民として法律を守り、勤勉に働き、誠実に暮らしていく所存でございます。私の中国

【図表 39-2　理由書・２枚目】

にいる両親や親戚も、私が今後も日本で暮らすことに賛成してくれております。上記のような理由で、「永住者」の在留資格を申請させていただきました。ご許可いただけますよう、何卒、よろしくお願い申しあげます。

●●●●年●月●●日

●●●

その後Bさんが日本で起業することになり、永住者の配偶者等の在留資格で来日。日本に滞在して約2年が経過し、日本の生活にも慣れ、今後も日本で生活をしていきたいと考えて永住権を希望。

書類収集や書類作成が複雑でよくわからないので専門家に依頼したいとのことで受任させていただきました。ご依頼後はスムーズに申請まで進み、永住権は許可となった案件です。

5　定住者からの永住申請の実例

◆依頼者の略歴

イギリス国籍のAさん（女性）は、日本人男性Bさんと結婚し、日本人の配偶者等の在留資格で来日。子供も出産し、育児にも奮闘していました。

しかし、日々のすれ違いにより夫婦関係が悪化しBさんとは離婚。離婚後は定住者の在留資格を許可されて滞在していました。

定住者の在留資格が許可されてから5年は経過していませんでしたが、日本人の配偶者等の在留資格で滞在していたときから数えると、5年以上経過していることで、永住権の申請が可能であったことから受任させていただきました。

海外出張も多くありましたが、勤務先の社長からの推薦状も提出でき、永住権が許可された案件です。

【図表 40　必要書類一覧】

◆作成書類
□永住許可申請書
□理由書
□履歴書
□身元保証書
◆写真関係
□証明写真 (4 cmX 3 cm) 1 枚
□自宅の写真（外観、玄関、キッチン、リビング、寝室）各 1 枚ずつ
□スナップ写真３枚（家族や友人、身元保証人と写っているもの）
◆本国の書類
□出生証明書
◆コピーした書類
□申請人の預金通帳のコピー（全頁）
□申請人の健康保険証（表と裏）のコピー
□業務委託契約書のコピー
□ご自宅の賃貸借契約書のコピー
◆申請人の会社で用意した書類
□退職証明書
□源泉徴収票　※直近３年分
□出張証明書
□社会保険の加入証明書
□会社からの推薦状
◆役所で用意した書類
□住民票
□子供の戸籍謄本
□課税（非課税）証明書　※直近３年分
□納税証明書　※直近３年分
◆身元引受人（元夫）の方に用意していただいた書類
□在職証明書
□課税証明書　※直近 1 年分
□納税証明書　※直近 1 年分
□住民票
□戸籍謄本

【図表41　理由書】

日本国法務大臣殿

永住許可申請理由書

■申請理由について

私は英国●●●で生まれ、英国籍をもつ●●●と申します。●●●●年に大阪にある●●●日本語学校に入学するため渡日させていただきました。日本語学校を卒業後は●●●学院大学に進学、卒業しました。その後、就職・結婚・出産・離婚と人生の転機を迎え、現在は、●●●年よりお世話になっている株式会社●●●と業務委託契約を締結させていただき、日々業務に励んでおります。

●●●●年●●月に、縁あって日本人の●●●と結婚し、●●●●年●●月には長女である「●●●」が誕生しました。しばらくは家族三人で生活をしていましたが、性格の不一致や価値観の違いにより、●●●●年●●月に離婚することになりました。離婚後も子供の関係で前夫とは連絡を取り合っており、現在も良好な関係を築けております。

日本には、●●●●年に●●●にあります小学校「●●●」に通っていたこともございます。そして、●●●●年に再び日本に来ることができました。●●●年に日本に来てから約●年以上が経ち、とてもやりがいのある仕事に就くこともでき、会社の同僚や上司との人間関係も問題なく、毎日楽しく仕事をすることができております。また、来日以来たくさんの日本の文化に触れてきて、日本に来てよかったと心の底から思います。日本人は皆外国人の私にとても優しく、日本人の優しさに触れるたびに、日本へ来てよかったと思わされます。

現在の年収は約８８５万円ございますので、日本で生活していくうえで経済的な不安はございません。

■「永住許可申請」の該当性

在留資格「日本人の配偶者等」と、離婚による在留資格「定住者」が連続していると考えられ、緩和条件である【「定住者」の在留資格で５年以上継続して日本に在留していること】に該当すると思料いたします。そのうえで、直近５年間の出入国は、主に会社の出張によるものであり、生活は基盤は日本にございます。今後も日本国の住民として法律を守り、勤勉に働き、誠実に暮らしていく所存でございます。

上記のような理由で、「永住者」の在留資格を申請させていただきました。許可いただけますよう、何卒、よろしくお願いします。

●●●年●●月●●日
申請人：●●●

【図表 42　推薦書】

推　薦　書

法務大臣　殿

私は申請人の勤務する会社（株式会社●●●）の代表取締役をしております●●●と申します。

私は申請人である●●●の永住申請に賛成し、永住権の許可を賜りますよう心から願っております。

申請人は、真面目で優しく、社内外誰からも信頼度がとても高い方であります。
私が行うプロジェクトのサポートや海外案件の窓口業務を含む通訳・交渉業務にも献身的で忍耐強く、熱心に仕事に取り組む姿勢があり、私はとても信頼をしております。
日本と海外を繋ぐ業務に従事する中で、今後の弊社のグローバル化の推進及び、日本の国策として国際化の一助にもなると考えます。

以上のことからも、仕事も含む生活環境がより良いものとなって欲しいと考えます。

　何卒ご賢察ご高配をいただき、●●●の永住申請をご許可いただけますよう、心よりお願い申し上げます。

平成●●年●●月●●日

株式会社●●●●

代表取締役社長●●●●　　　　印

6　高度専門職からの永住申請の実例

◆依頼者の略歴

中国香港籍のAさんは、3年前にポイント計算表で70点を満たして高度専門職の在留資格を取得。その後、2017年4月26日に法務省令が改正され、日本版高度外国人材グリーンカードが始まりました。それに伴いポイント制度も改訂され、よりポイントが得やすくなり、再度計算すると3

【図表43　必要書類一覧】

◆作成書類
□永住許可申請書
□理由書
□履歴書
□身元保証書
◆写真関係
□証明写真（4 cmX 3 cm）1枚
□自宅の写真（外観、玄関、キッチン、リビング、寝室）各1枚ずつ
□スナップ写真3枚（家族や友人、身元保証人と写っているもの）
◆本国の書類
□出生証明書
◆役所で用意した書類
□住民票
□課税証明書　※直近1年分
□納税証明書　※直近1年分
◆コピーした書類
□最終学歴の卒業証書のコピー
□健康保険証（表と裏）のコピー
◆会社で用意した書類
□在職証明書
□今後1年間の年収見込額証明書
□源泉徴収票　※直近1年分
◆身元保証人が用意した書類
□在職証明書
□課税証明書　※直近1年分
□納税証明書　※直近1年分
□住民票

【図表 44-1　理由書・１枚目】

法務大臣　殿

理　由　書

私は中国香港籍の●●●と申します。今回、「永住者」の在留資格を申請しておりますが、これまでの経緯と申請理由について説明させていただきます。

来日してから現在までの経緯について

詳細は別紙の履歴書に記載しておりますが、私は中国香港で生まれ、本国にある高校・大学を卒業して就職を致しました。中国ではシステム関連業務に従事し、●●●年●●月に株式会社●●●にて就労するため渡日させていただきました。現在は部長としての役職もいただき、会社の発展のために日夜努力しております。

仕事状況について

私は現在、株式会社●●●の●●●部に勤務しております。同社は設立以来、情報処理のスペシャリスト集団としてだけではなく、情報処理支援サービスのエキスパート集団として、複雑化・高度化しながら進化する情報社会をリードしてきました。同社には●●●年●●月よりお世話になっており、これまでのキャリアを生かして働いてきたことで仕事もとても充実していて、会社の同僚や上司との人間関係も問題なく、毎日楽しくやりがいも感じております。また、仕事を通じて多くの友人・知人を得ることもできました。今後も同社を発展させていけるよう、よりいっそう努力していく所存でございます。

また将来、私の今まで積んだ社会キャリアそして語学力を活かせる機会が今後も出てくることがあれば、微力ですが、日本企業、ひいては少しでも日本経済に貢献できればと考えております。

申請理由について

私は以前から日本社会に興味がございました。きっかけは高校時代に日本の「キャンプテン翼」という漫画を読んで、日本語を勉強したい、日本で働いてみたいという気持ちになりました。大学で日本語を専攻したのもその為です。

大学を卒業してから、なかなか日本で働く機会もございませんでしたが、縁あって日本企業で働くチャンスが巡ってきまして、２０●●年●月に来日致しました。日本に来た時に家具より先にもってきたのは、「キャプテン翼」全巻の漫画

【図表44-2　理由書・２枚目】

でした。大学時代に日本語を一生懸命勉強した甲斐があり、日本での仕事や生活上では言葉に困る事はまったくなく、日本人ともコミュニケーションを取る事ができました。●●年には高度専門職の指定書も賜り、日々仕事に打ち込めております。

今回、身元保証人になっていただいた●●●●さんは私の友人になります。●●さんと知り合ったきっかけは、私の友人である●●さんの出産祝いの際に知り合いになりました。●●さんと●●さんは元々10年来の友人で●●さんの出産祝いの席でたまたま居合わせた事がきっかけです。それ以来仲良くお付き合いをさせていただいております。

私は、今後も、日本で暮らしていきたいと強く願っております。この約５年の中で自分がいろいろな困難にあった時、日本人の方がとても優しく、熱心に手伝ってくれたり、親切に教えてくれたりと、日本の人々にとても感動させられました。大震災があった際の、日本全国の人々が一致団結し、災害地域に支援する民族性を尊敬していますし、日本人の相手の気持ちを考えてサービスを提供しているところが大好きで、約５年間、日本にいる私も常にそのような行動と考え方になっていました。

今年、日本で生活し始めてから約５年になります。来日してから、税金を滞納したことはございません。現在の年収は約６３０万円であり、会社で社会保険に加入させていただいており、健康保険・厚生年金等も給与から差し引かれておりますので、今後も納税義務を怠ることにはなりません。自宅も私名義で購入しました。扶養につきましては私の父母と妻の父母も入れておりますが、現在の給与の額などから今後、日本で生活していく上で経済的な不安もございません。

現在、貴局の高度専門職ポイント計算表によりますと、約３年以上前より８０点を満たしておりますので、日本での滞在期間が１０年を経過することなく申請をさせていただきます。私の生活の基盤は既に日本にあり、今後も日本国の住民として法律を守り、勤勉に働き、誠実に暮らしていく所存でございます。私の両親も、私が今後も日本で暮らすことに賛成してくれております。

上記のような理由で、「永住者」の在留資格を申請させていただきました。許可いただけますよう、何卒、よろしくお願いします。

●●●年●●月●●日
●●●

【図表 45-1　提出した高度人材ポイント表】

〔平成29年4月26日以降〕　　　　参考書式

高度専門職ポイント計算表（高度専門職第1号ロ・高度専門職第2号）

「出入国管理及び難民認定法別表第一の二の表の高度専門職の項の下欄の規定に基づき，出入国管理及び難民認定法別表第一の二の表の高度専門職の項の下欄の基準を定める省令」第1条第2号の規定に基づき，ポイントの自己計算を行ったので提出します。

項目	基準				チェック	点数	疎明資料
学歴（注1）	博士学位（専門職学位を除く）				□	30	①
	経営管理に関する専門職学位（MBA，MOT）を保有				□	25	
	修士又は専門職学位				□	20	
	大卒又はこれと同等以上の教育（博士，修士を除く）				■	10	
	複数の分野における2以上の博士若しくは修士の学位又は専門職学位（注2）				□	5	
	（注1）最終学歴が対象となります（例えば，博士と修士の両方の学位を有している場合は，30点です。）。 （注2）学位の組み合わせを問わず，専攻が異なることが分かる資料（学位記又は学位証明書で確認できない場合は，成績証明書）を提出して下さい。						
職歴	従事しようとする業務に係る実務経験						②
	10年以上				■	20	
	7年以上10年未満				□	15	
	5年以上7年未満				□	10	
	3年以上5年未満				□	5	
年収（注）	30歳未満	30～34歳	35～39歳	40歳以上			③
	1,000万円以上	1,000万円以上	1,000万円以上	1,000万円以上	□	40	
	900 ～ 1,000万円	900 ～ 1,000万円	900 ～ 1,000万円	900 ～ 1,000万円	□	35	
	800 ～ 900万円	800 ～ 900万円	800 ～ 900万円	800 ～ 900万円	□	30	
	700 ～ 800万円	700 ～ 800万円	700 ～ 800万円	－	□	25	
	600 ～ 700万円	600 ～ 700万円	600 ～ 700万円	－	■	20	
	500 ～ 600万円	500 ～ 600万円	－	－	□	15	
	400 ～ 500万円	－	－	－	□	10	
	（注）年収が300万円に満たないときは，他の項目の合計が70点以上でも，高度専門職外国人としては認められません。						
年齢	申請の時点の年齢						
	30歳未満				□	15	
	30～34歳				■	10	
	35～39歳				□	5	
研究実績	発明者として特許を受けた発明が1件以上				□	15	④
	外国政府から補助金，競争的資金等を受けた研究に3回以上従事				□		⑤
	学術論文データベースに登載されている学術雑誌に掲載された論文が3本以上				□		⑥
	その他法務大臣が認める研究実績				□		⑦
資格	従事しようとする業務に関連する日本の国家資格（業務独占資格又は名称独占資格）を保有，又はIT告示に定める試験に合格し若しくは資格を保有				○1つ保有	5	⑧
					○複数保有	10	
特別加算	契約機関						
	Ⅰ　イノベーション促進支援措置を受けている				□	10	⑨
	Ⅱ　Ⅰに該当する企業であって，中小企業基本法に規定する中小企業者				□	10	⑩

【図表45-2　提出した高度人材ポイント表】

特別加算（続き）	契約機関が中小企業基本法に規定する中小企業者で、試験研究費及び開発費の合計金額が、総収入金額から固定資産若しくは有価証券の譲渡による収入金額を控除した金額（売上高）の3％超 試験研究費等／売上高　＿＿円／円　＝　％	□	5	⑬⑩
	従事しようとする業務に関連する外国の資格、表彰等で法務大臣が認めるものを保有	□	5	⑫
	日本の大学を卒業又は大学院の課程を修了	□	10	⑬
	日本語能力			⑭
	Ⅰ　日本語専攻で外国の大学を卒業又は日本語能力試験N1合格相当	■	15	
	Ⅱ　日本語能力試験N2合格相当 ※⑬（日本の大学を卒業又は大学院の課程を修了）及びⅠに該当する者を除く	□	10	
	各省が関与する成長分野の先端プロジェクトに従事	□	10	⑮
	以下のいずれかの大学を卒業（注）			⑯
	Ⅰ　以下のランキング2つ以上において300位以内の大学 ■　QS・ワールド・ユニバーシティ・ランキングス（クアクアレリ・シモンズ社（英国））　70位 ■　THE・ワールド・ユニバーシティ・ランキングス（タイムズ社（英国））　201位 ■　アカデミック・ランキング・オブ・ワールド・ユニバーシティズ（上海交通大学（中国））　118位	■	10	
	Ⅱ　文部科学省が実施するスーパーグローバル大学創成支援事業（トップ型）において、補助金の交付を受けている大学	□		
	Ⅲ　外務省が実施するイノベーティブ・アジア事業において、「パートナー校」として指定を受けている大学	□		
	（注）⑬（日本の大学を卒業又は大学院の課程を修了）と重複して加算することが認められています。			
	外務省が実施するイノベーティブ・アジア事業の一環としてJICAが実施する研修を修了したこと（注）	□	5	⑪
	（注）・イノベーティブ・アジア事業の一環としてJICAが実施する研修であって、研修期間が1年以上のものを修了した者が対象となります。なお、JICAの研修修了証明書を提出した場合、学歴及び職歴等を証明する資料は、原則として提出する必要はありませんが、②（職歴）のポイントを加算する場合には、別途疎明資料が必要です。 ・本邦の大学又は大学院の授業を利用して行われる研修に参加した場合、⑬（日本の大学を卒業又は大学院の課程を修了）と重複して加算することは認められません。			
		合計	85	

※永住許可申請時のみ、該当部分にチェックして下さい。
このポイント計算表は、□　今回の申請時のポイントです。
□　今回の申請から1年前のポイントです。
■　今回の申請から3年前のポイントです。

以上の記載内容は事実と相違ありません。
申出人又は出入国管理及び難民認定法第7条の2に基づき法務省令で定める代理人の署名／作成年月日

署名 [redacted]　作成年月日 [redacted] 年 [redacted] 月 [redacted] 日

年以上前から80点のポイントを満たしていることが判明。来日してから5年目でしたが、永住権の申請を決意。

80点のポイントを満たしていることの証明資料を添付して申請し、10年以上の日本継続在留要件を待たずに無事に永住権が許可された案件です。

第6章　今後のために

1　外国人配偶者を呼びたい

外国人が永住者の在留資格を許可された場合は、その配偶者や日本で生まれた子供は「永住者の配偶者等」の在留資格を取得できるようになります。

しかしながら、永住ビザが取得できれば自動的に永住者の配偶者等の在留資格が許可されるわけではありません。永住者の在留資格と永住者の配偶者等は、別の審査になります。

永住者に配偶者等の在留資格が許可されるためには、夫婦の婚姻の実態の証明が必要ですし、子供なら子供だという証明をしっかりしなければなりません。さらには永住者たる者がちゃんと扶養できるかということも求められます。

2　子供が生まれたら

【日本で子供が生まれた場合】

永住者の在留資格を持っている者に日本で子供が生まれた場合には、子供が出生してから30日以内に在留資格「取得」の手続をする必要があります。この在留資格「取得」手続をすることで、子供に「永住者」の在留資格の取得が許可される可能性があります。

基本的な要件としては、親である永住者の者が、①退去強制事由に該当していないこと、②公共の負担となっていないこと、③公的義務等を履行していることが必要となります。

①②③の要件を満たしていない場合でも、「永住者の配偶者等」の在留資格の取得は許可される可能性が高いですので、必ず在留資格の「取得」の手続を行ってください。

【外国で子供が生まれた場合】

この場合は、日本に来るために在留資格が必要となりますので、在留資格認定証明書交付申請をして、在留資格認定証明書を交付してもらい、在外公館にて査証申請をすることで、「定住者」の在留資格で日本に来ることができます。

3　永住権の取消し

これから永住ビザを取ろうとしている外国人や、すでに永住ビザを取った外国人から、「永住ビザは取り消されることはありますか」とか、日本人と結婚している外国人の方で、「永住ビザを取った後に離婚した場合は、永住は取消しになるのか」という質問をよくいただくことがあります。

まず、離婚した場合の結論から申しますと、「永住ビザ」は1度取得したら離婚しても取消しにはなりません。

また、日本人配偶者と死別しても取消しはありません。今後も永住者として日本で生活ができます。「日本人の配偶者等」の在留資格は、日本人との結婚の継続がビザ更新の条件なので、将来永住ビザを取ろうと考えている方は、永住ビザが取得できるタイミングで早めに取得しておくことをおすすめします。離婚や死別した場合は「日本人の配偶者ビザ」は更新できません。

しかし、永住ビザは、取消しになる場合もあります。どういった場合に永住が取消になるのでしょうか。永住が取消しになる典型的なケースは、次の3つです。

① みなし再入国許可制度を利用して出国し（正式な再入国許可を取らず）、1年を超えてしまった場合（※みなし再入国は1年以内に帰国する場合のみ有効です）、または正式な再入国許可を取得して出国したが再入国許可の期限が切れてしまった場合

② 過去日本に入国する際に虚偽申請・偽造書類で申請し、在留許可を受けたことが発覚した場合

③ 麻薬・覚醒剤・売春などの罪を犯し一定の刑罰に処せられた場合

4 永住権が不許可になってしまったら

永住権の申請は、ご自身で申請した場合、不許可になることもあります。事実、ご自身で申請した方が不許可になって、筆者の事務所へ相談にいらっしゃるというケースもあります。

法務大臣は、永住権を許可にするか、しないかについて広く裁量を持っていますので、申請すれ

ば必ず許可になるという性質のものではないのです。

【不許可になるパターンは大きく分けて2つある】

１つ目は、そもそも許可になるような案件ではなかった場合です。そもそも許可になる要件を満たしていなかったため、どういう申請をしたところで下りない場合です。

つまり、専門の行政書士に相談したところで、依頼さえ断られるようなケースだと知らずに申請してしまったケースが当てはまります。

２つ目は、申請内容によっては、本来は許可になるよケースであるにもかかわらず、申請書作成において書類不備、説明不足や誤解を生む要素を記載してしまい、不許可になるケースです。

したがって、２つ目の場合であれば、再申請する場合において、専門家に依頼することにより、リカバリー（許可）になる可能性もあります。

それを踏まえて、不許可になってしまった場合の対応を次にご説明いたします。

①　不許可の理由を調査する

不許可通知書が届いた場合に、その通知書には理由が一言ぐらいしか書いていないため、本当の不許可理由がはっきりとわかりません。したがって、申請をした出入国在留管理局に出向き、個室で不許可の理由を説明してもらいます。

そこで、不許可の理由を聞くことになるのですが、不許可に対するクレームを言ったり、本当はこうだったと事情説明を繰り返したり、さらには法的根拠に基づかない話しを延々としている方を見受けますが、これは意味がありません。既に不許可という決定がされている以上、その場で不許可が許可に覆えされるということは、100%ありません。

不許可の理由を聞くときには、最初に申請したときにどの点がまずかったのか、もしくは申請人も知らないような情報を出入国在留管理局が持っていたのかなどを冷静に情報を取っていく必要があります。

② どの点を修正して再申請すれば見込みがあるかの見解を聞く

また、こちらから積極的に不許可理由を取っていく姿勢がないと、親切に不許可理由をすべて教えてくれない可能性もあります。

つまり、不許可理由は1つのみではないこともあります。特に大きい理由を1つ挙げ、それ以外の理由は説明を省略されてしまうことがあります。なぜなら、そもそも丁寧に不許可理由を教えなければならないという義務はないからです。

したがって、特に大きい理由の1つを聞き出し、それを修正して再申請をしたとしても、他に不許可原因がある場合は再度不許可になり、再度理由を聞きに行くと、最初に聞いていない別の不許可理由を言われる場合があります。

そのため、初回に不許可理由を聞きに行くときにすべての理由を聞くようにしてください。それとあわせて確認しておくべきこととしては、再申請に当たり、どの点を修正して再申請をすれば許可の見込みがあるかという見解を聞くことです。

【永住ビザが不許可となる主な原因】

◆永住許可申請理由書の書き方が悪い

永住申請をするときは、必ず「理由書」の提出が必要です。

自分で申請する人たちは、どうやって書いたらよいかをよくわからないまま書いているのですが、ご自身で書いた理由書が原因で不許可になってしまった方も多くいらっしゃいます。

他の永住要件は満たしているのに、理由書だけが原因で不許可になるのは大変もったいないことです。

永住許可申請理由書の作成には、いくつかテクニックがあります。ご自分で作成しようとしないで専門家に任せることも永住許可の可能性を上げるためには大事なことです。

◆世帯年収が３００万円に満たない

永住申請においては、独立生計要件があり、年収３００万円以上あることが目安です。

これは世帯年収でもよいですが、本人以外の配偶者や子供など世帯年収に含められる場合と含められない場合もあります。

基本的には、就労活動が認められない在留資格を有している人の年収は含められないですし、扶養の範囲内での収入も含めません。就労活動ができる在留資格で、かつ、扶養されないぐらいの年収は含めることができると考えておきましょう。

◆海外出国歴が多い

日本に長く居住している方でも、年間で100~150日以上日本から出国している場合は、日本で生活の基盤がないと判断されてしまうことが多いです。

将来永住申請したい方は、出国日数に注意して生活していきましょう。海外出国歴が多く永住申請しても許可されない方が非常に多くいます。

◆扶養人数が多過ぎる

扶養家族の人数が多ければ多いほど税金が安くなりますので、外国人の方で母国在住の親や兄弟姉妹を扶養に入れていることは多いのが実態です。適切ではない場合（本来は扶養に入れることができない場合）は、扶養に入れている扶養家族を外して、さかのぼって修正申告をする必要もあります。

扶養家族の数については永住申請の際には重要なポイントになります。永住申請の際に仕送りした証明として国際送金記録が必要だったりもします。

◆国民健康保険の未払い&納期限を守って支払いをしていない

永住申請においては、国民健康保険の支払状況について非常に厳しく審査されます。勤務先で社会保険に加入している方は全く問題ないのですが、会社で社会保険に加入していない場合は、ご自分で居住地の市（区）役所で国民健康保険に加入していると思います。

国民健康保険は、自分で支払いをしなければいけません。支払納付書が自宅に届くと思いますが支払納付書には納期限が書いてあります。国民健康保険については、もちろん全然払っていない場合は許可にはなりません。

しかし、しっかり払っていても、納期限を守らずに払っていないというだけで不許可になります。

国民健康保険は納期限まで守って払うようにしてください。

◆年金を支払っていない

永住申請においては、年金を払っていない場合は、不許可になる場合があります。

会社で社会保険に加入し厚生年金保険を天引きされている方は全く問題ありません。しかし、会社で厚生年金に入っていない場合は、自分で年金事務所へ国民年金を支払う必要があります。

今後永住申請をしたいとお考えの方は、今から納期限を守って払っていくようにしてください。

◆税金未納がある

税金に未納があると、絶対に永住は許可されません。会社員の方は住民税にお気をつけください。

特に特別徴収（会社から天引き）ではない場合、ご自分で払う必要があります。会社経営者の方は、個人としての住民税はもちろん、経営する会社の法人税や消費税なども完納している必要があります。

◆軽微な交通違反が多い

一時停止違反や駐車禁止、信号無視などの軽微な交通違反は永住の不許可原因となります。永住申請においては、「素行が良好であり、国益がある」ことが求められるからです。

車を運転する方は、日ごろから交通違反には注意が必要です。最近は自転車も車と同様に扱われることもあるので、自転車を乗る場合でも注意が必要です。

◆在日居住年数が足りない

永住申請は、原則10年以上日本に居住して、その10年の中で5年以上就労の在留資格で居住していることが要件です（日本人や永住者と結婚している場合は1年や3年でよい場合もあります）。よくある質問で「今9年6か月なんですが永住申請できますか」というのがありますが、原則無理です。9年6か月＋審査期間6か月で10年という計算はしません。

◆配偶者に資格外活動オーバーがある

家族滞在の在留資格は、資格外活動許可をとっても週28時間までしか働くことはできません。それ以上働くと資格外活動オーバーとなり、不法就労に当たります。

永住申請においては、申請者本人の課税証明書や納税証明書を３年分提出しますが、同居の家族滞在者の納税・課税証明書を提出しなければならない場面も多々あります。家族滞在者としては、極端に多い年収が記載されていれば週28時間以上働いていることが判明し、永住が不許可となります。永住申請者本人が家族のために「監督不行届」として不許可になります。さらには、家族滞在の在留期間更新もできなくなる恐れがありますので、くれぐれも資格外活動の範囲内で就労するようにしましょう。

◆身元保証人が適切な人物でない

永住申請における身元保証人は、日本人か、外国人にお願いする場合は永住者です。就労ビザの外国人や家族滞在の外国人に依頼はできません。

日本人と結婚している人は、配偶者（日本人）にお願いします。

身元保証人は、道義的責任にとどまりますが、道義的には経済面での保証と法令遵守させるという役割があります。したがって、身元保証人は定職があり、しっかりとした収入があり（目安は年収３００万円以上）、納税義務は果たしていることが求められます。

◆現在所持している在留資格が３年以上の在留資格ではない

永住申請の許可のためには、現在の在留資格が３年か５年である必要があります。１年の在留資格では原則永住権は取得できません。

著者略歴

河原木 惇（かわらぎ　あつし）

埼玉県吉川市出身。1985年生まれ。城西大学経済学部経済学科卒業。

行政書士・入国管理局申請取次行政書士。東京都行政書士会所属。さむらい行政書士法人共同代表社員。

専門分野：在留資格・VISA・帰化。アジア諸国・欧米など各国出身の外国人の法的手続を支援している。

日本で長期にわたり滞在生活しており、より安定的・利便的に滞在していくためには入国管理局へ永住権の申請をしなければならない。しかし、長期にわたり日本で滞在しているからといっても、これまでの滞在状況如何によっては、申請しても必ずしも永住権が取得できるわけではない。今後の人生プランを大きく左右するものであり失敗をすることは許されません。「許可」というお客様の満足のために、日々専門知識を駆使し結果を出すことにこだわっている。日本のグローバル化を支援するのがミッション。お客様に言われてうれしかったことは「河原木さんのおかげで許可が取れました！」。年間無料相談実績1,000名以上。外国人の在留資格・VISA・帰化、対日投資手続を専門に扱う。専門性の高いコンサルティングにより高い信頼を得ている。

さむらい行政書士法人ＨＰ http://www.samurai-law.com/

永住許可申請に関しては、情報提供と代行サービス紹介サイト「永住ドットコム」http://www.samurai-law.com/eizyu/　を運営。

改訂版

必ず取れる日本永住権！　外国人の永住権許可申請ガイド

2018年5月23日 発行　2018年6月19日 第2刷発行
2021年9月17日 改訂版発行　2024年12月2日 改訂版第3刷発行

著　者　河原木　惇　© Atsushi Kawaragi

発行人　森　　忠順

発行所　株式会社 セルバ出版
〒113-0034
東京都文京区湯島1丁目12番6号 高関ビル5B
☎03（5812）1178　FAX 03（5812）1188
https://seluba.co.jp/

発　売　株式会社 三省堂書店／創英社
〒101-0051
東京都千代田区神田神保町1丁目1番地
☎03（3291）2295　FAX 03（3292）7687

印刷・製本　株式会社丸井工文社

●本書の内容に関する質問はFAXでお願いします。

Printed in JAPAN
ISBN978-4-86367-697-8